주차장에서 놀이터까지

•
이 완 근 수필 모음
•

오늘의문학사

주차장에서 놀이터까지

■저자의 말

세 번째 작품집을 엮으며

유난히도 매웠던 바람에 한껏 움츠려 종종걸음을 쳤던 겨울이었습니다. 하지만 훈풍(薰風)은 어김없이 동토(凍土)를 녹였고, 대지는 꽃과, 꽃보다 예쁜 새싹들로 새롭게 단장했습니다. 자연의 섭리는 참으로 숭고한 약속임을 다시금 깨닫습니다.

아파트 앞 화단의 목련이 앙상했던 가지에 꽃망울을 터뜨리던 날이었습니다. 주차장을 향해 방향을 틀었을 때, 하얀 속살을 드러낸 목련꽃 봉오리가 여간 반갑지 않았습니다. 차에서 내려 순백의 꽃봉오리에 잠시 눈길을 주었습니다. 한파와 폭설에 지친 지난겨울이 꽃봉오리에 얹힐 무렵, 감전이라도 된 듯 정신이 번쩍 들었습니다.

그러고 보니 참 많이도 게을러졌습니다. 참으로 많은 구차한 변명을 주워섬기며 살아왔습니다. 해야 할 일을 잊고 있었다는 때늦은 부끄러움과 자책에 얼굴이 화끈거렸습니다. 지키지 못할 약속은 애초에 하지 말았어야 하는 것이었나 봅니다.

돌이켜 보면 무엇이 그리 바빴는지 모르겠습니다. 나이를 먹어 갈수록 '바빠서'라는 말을 입에 달고 살았습니다. 그 긴 외도(外道) 끝에 돌아왔을 때 나를 맞은 건 해묵은 빚더미였습니다.

첫 작품집 「내 기억의 방을 임대합니다」 출간 후 두 해 만에 서둘러 「서리, 그리고 기억의 편린 하나」를 출간했었습니다. 그 후로 벌써 5년이 지나 이렇듯 부리나케 또 한 권의 책을 엮습니다. 해묵은 빚만 진 채 다시금 나신(裸身)으로 서는 마음이 더욱 두렵습니다.

타성(惰性)에 젖어 나이만 먹은 게으른 작가의 부족한 작품에도 출판의 기회를 허락하신 오늘의문학사, 편집을 맡아 주신 이영옥 편집장님 이하 모든 분들께 머리 숙여 감사 말씀 드립니다.

2011년 6월, 물오른 보문산 신록 속에서

저자 드림.

‖ 차 례 ‖

‖ 차 례 ‖

이야기 둘

바람의 흔적으로 살다

‖ 차 례 ‖

이야기 셋

삶은 의미의 숲이다

이야기
하나

주차장에서 놀이터까지

네잎클로버

I

시비(詩碑) 탐방 겸 시비 주변 정화 봉사 활동을 위해 아이들을 이끌고 나섰다. 아이들이 예정된 시간보다 늦게 모이는 바람에 낮 기온이 가장 더울 때 목적지에 도착해 활동을 하게 됐다. 쉬운 일이 아닐 거라 예상은 했지만, 온몸이 땀에 젖는 가운데 일정대로 진행하기가 녹록치는 않았다. 중간 중간 그늘을 찾아 아이들을 쉬게 하면서 간신히 목적지에 도착했을 때 아이들은 기진맥진해 있었다. 우선은 휴식이 필요하다는 판단으로 그늘을 찾아 땀을 식히도록 했다.

"야! 네잎클로버다!"

십 분쯤 후, 예정된 활동을 막 시작했을 때, 한 아이의 희색(喜色)에 찬 외침이 일순간 공원의 모든 소리를 빨아들였다. 이윽고 잡초 제거를 위해 쭈그리고 앉았던 아이들이 일제히 네 잎 클로버를 찾은 한 아이를 중심으로 모여들어 눈을 빛냈다. 그리고 이것저것 말들이 오가기 시작했다. 그 이야기를 강제로 잘라내는 것도 좋을 것은 없을 듯싶어 그대로 두어 보았는데, 그 이야기의 주(主)는 행운에 대한 것이었다.

'행운? 나에게는?'

네잎클로버와 행운에 관해 던지는 아이들의 말에 귀를 맡기며 벤치에 엉덩이를 붙였을 때, 평상시의 습관적인 물음 하나가 툭, 가슴에 던져졌다. 이윽고 마치 음원(音源)에서 퍼져 나오는 소리의 파장처럼 내 마음은 잠시 출렁거렸다. 하지만 그뿐, 익숙해진 습관 그대로 마음은 이내 평온을 되찾았다. '행운'이라는 것에 오래 마음을 두지 않도록 단련돼 있었기 때문일까?

II

학창 시절 시험 때 내 능력으로는 도저히 풀 수 없는 문제를 찍어 맞혀 본 경험을 난 거의 가지고 있지 못했다. 다른 친구들이 숙제를 안 했을 때는 숙제 검사를 하시지 않다가도 내가 숙제를 안 하면 선생님은 어김없이 숙제 검사를 하셨다. 초등학교 소풍 때, 많은 친구들이 찾을 만큼, 심지어 여러 개를 찾아 인심 쓰듯 나눠주는 친구가 여럿 되었을 만큼 많았던 네잎클로버는 그 중 어느 하나도 나를 찾아오지 않았다.

성인이 된 후 어쩌다 꿈자리가 좋으면 설레는 가슴으로 복권 한 장을 샀다. 복권 추첨 시간이 되어 조마조마한 마음으로 번호를 맞춰 보면 복권은 시작부터 번번이 나를 외면했다. 또한 백화점이나 할인점, 주유소 등의 경품 행사에서 남들은 곧잘 당첨되는 경품도 나를 찾은 적 한 번 없고, 행사를 마친 후 하는 행운권 추첨에서도 기대하는 것 자체가 낯 뜨거울 만큼 행운은 나를 피해갔다.

사정이 이렇다 보니 언제부턴가 행운을 바라는 것은 내 인생에 있어 가장 기대할 것도, 가치도 없는 삶의 방식이라는 생각이 차츰 덩치를 불려가 끝내는 내 머리 속을 지배하기에 이르렀다. 종종 들려오는 누군가의 행운에 관한 이야기도 그저 '저런 행운을 잡은 사람도 있구나.', 아니면 그저 '남의 이야기'로 치부해 버릴 수 있을 만큼 지금의 난 그 행운에 대해 둔감하다. 또한 이제 더 이상 행운이라는 것에 신기하다거나 대단하다거나 하는 가치를 부여하는 일조차 의미 없는 일이 되어 버렸다.

누군가 네잎클로버를 찾아 환호성을 지른다. 하지만 이것은 이 세상에 존재하는 많은 사실들 중의 하나일 뿐, 그 이상의 어떤 의미를 내 마음 속에 만들지 못한다. 그러니 부질없이 마음에 담아 마음을 어지럽힐 필요가 있겠는가?

물론 예전엔, 내겐 왜 저런 행운이 따르지 않을까 생각하며 내 처지를 비관적으로 생각하거나 그 행운을 잡은 사람을 부러워했던 적도 있기는 했다. 동시에 내게도 언젠가는 저런 행운이 오겠지 하는 막연한 기대감으로 위안을 삼은 적도 있었다.

하지만 언제부턴가 내 가슴은 이런 생각대신 다른 생각 하나를 키우기 시작했다. 행운이라는 것, 애초부터 나와 인연이 닿지 않는 것이라면 굳이 그것 때문에 마음의 병을 만들 필요가 무에 있겠는가 하는 생각이었다. 이런 생각에 미치자 행운과 관련한 부질없는 생각이나 감정들도 깨끗이 정리되어 더 이상 내 마음의 문을 두드리지 않았다.

마음을 다스려 집착을 없애면 남의 행운을 부러워할 이유가 없는 것이다. 또한 나의 불운을 한탄할 이유도 없는 것이다. 이미 마음을 접었는데, 무슨 감흥이 생겨 마음의 강물이 일렁거리겠는가?

Ⅲ

세 잎 클로버의 돌연변이라는 과학적인 사실과는 무관하게 네잎클로버는 흔히 행운을 상징한다고 한다. 사실 네잎클로버의 행운 상징에 대한 이야기는 많다. 그 중에서도 가장 유명한 것은 숱한 세월을 전쟁 속에서 보낸 나폴레옹과 관련된 이야기일 것이다.

프랑스의 영웅 나폴레옹은 총탄이 빗발치는 전쟁터에서 이 네잎클로버 덕분에 귀중한 생명을 건진 사람이다. 발밑에 있던 많은 클로버들 중 유독 네 개의 잎을 가진 클로버를 발견하고 신기해하며 그것을 따기 위해 허리를 숙인 순간 그의 머리 위로 총탄이 지나간다. 만약 그가 그 날 그 순간 네잎클로버를 발견하지 못했다면 그는 그 자리에서 삶을 마감해야 했을 것이며, 이후의 유럽의 역사는 전혀 다른 방향으로 전개됐을지도 모를 일이다.

이 일로 인해 네잎클로버의 행운 상징은 그 이전에 비해 더한 매력으로 사람들의 마음을 강하게 흔들어 놓곤 한다. 과학적인 필연성이 강조되는 지금 시대에도 종종 사람들의 마음을 강하게 장악하곤 할 만큼 여전히 매력을 가지고 있다.

오후 운동을 마친 후 살 것이 있어 단골 편의점에 들르면 항상 보게 되는 광경이 있다. 로또 복권을 사는 사람들이다. 특히 토요일이면 이 편의점은 로또 복권을 사려는 사람들로 북적거린다. 지폐를 들고 서서 자기 차례를 기다리고 있던 그들의 눈은 대부분 복권을 연신 뱉어내는 발매기에 가 있었다. 마치 행운을 찍어내는 기계라도 되는 것처럼 복권 발매기에 박힌 그들의 눈빛은 빛났다. 그리고 한 사람이 일을 마치면 앞으로 잽싸게 이동해 또 그렇게 자기 차례를 기다렸다. 동네 가게라는 것이 줄을 서서 물건을 사는 일이 흔한 일이겠는가? 그런데 로또 복권만큼은 줄을 서서 사고 있었던 것이다. 그들이 꿈꾸는 것처럼 대박을 맞는 사람은 얼마나 될까 생각하는 사이, 주인 남자의 얼굴은 흔쾌한 웃음으로 채색되고 있었다.

IV

네잎클로버를 찾느라 관심조차 두지 않는 세 잎 클로버는 일상에서의 행복을 상징한다고 한다. 너무도 많아 네잎클로버처럼 희귀성을 갖지 못해 제대로 된 가치조차 부여받지 못한 세 잎 클로버가 행복을 상징한다는 사실은 네잎클로버의 행운보다 더 깊이 음미해 봄직한 가치가 있어 보였다.

치르치르와 미치르가 갖은 고초를 겪으며 오랜 시간을 찾아 헤맨 파랑새를 자기 집 새장 안에서 발견했듯, 우리 곁엔 언제나 수많은 행복이 존재한다. 어쩌면 세상의 모든 것이 행복일는지도 모른다. 마치 수많은 세 잎 클로버처럼 말이다. 어쩌면 불행의 얼굴을 하고 있는 것도 보는 각도를 달리하거나 좀 더 자세히 들여다보면 그것을 결코 불행이라 단정할 수 없을 때도 우리 삶엔 존재한다. 그만큼 이 세상은 수많은 행복으로 채워져 있다.

행복과 불행은 상대적인 것이다. 바꿔 말해 절대적인 가치를 지녔거나 절대적인 기준으로 재단해서는 안 되는 옷감과 같은 것이다. 어른의 옷을 만들 때와 아이의 옷을 만들 때, 남자의 옷을 만들 때와 여자의 옷을 만들 때 똑같은 기준을 가지고 옷감을 재단할 수는 없는 일 아니겠는가? 때로는 크거나 작게, 또 때로는 곧거나 굽게 상황에 따라 알맞게 재단해 옷을 만들어냈을 때 그 옷은 고운 때깔로 사람들의 시선을 잡을 게 아니겠는가?

삶 자체를 행복으로 만드는 열쇠는 그 사람의 마음에 있다. 물론 여기에 행운까지 더해진다면 금상첨화(錦上添花)이겠지만, 그거야 따지고 보면 인력으로 되는 것은 아니다. 따라서 기대하는 것 자체가 어쩌면 부질없고 허황된 것인지도 모른다. 특히, 지난 삶의 여정에서 행운과는 인연이 적었던 내겐 더욱 그렇다. 부질없는 행운에 삶을 맡기기보다 차라리 자신의 노력으로 작은 행복이나마 만들며 사는 것이 훨씬 가치 있고 의미를 부여할 수 있는 삶이라고 나는 생각한다.

어쩌면 많은 사람들이 기대하는 행운은 삶을 향한 노력의 과정과 그 속에 만들어가는 행복의 다른 얼굴은 아닐까? 그러니 이것을 버려둔 채 행운만을 좇는 사람은 어둠의 나락으로 한없는 추락을 할 수밖에 없는 것이다. 어쩌다 한 번 있을까 말까 한 행운을 위해 발 밑의 수많은 행복을 짓밟으며 삶을 허비하기보다 노력하는 삶 속에서 작은 행복이나마 만들어가는 삶을 나는 살고 싶다.

V

네잎클로버를 사이에 두고 여전히 말들이 많은 아이들의 모습과 대박을 꿈꾸며 로또 복권 앞에 줄을 서는 사람들의 모습이 겹쳐졌다. 순간 내 가슴은 아이들을 향한 몇 마디 말을 만들고 있었다.

'얘들아, 이 세상은 행복의 바다란다. 행운은 그 행복의 바다 속에 존재하는 조개껍질 같은 거란다. 이런 행운을 위해 행복의 바다를 버린다면 이것처럼 어리석은 일은 없겠지? 또한 행복은 노력하는 삶의 여정 끝에 주어지는 것이란다. 노력하는 삶 속에 작은 행복이나마 찾고 만들며 살다 보면 행운도 찾아오는 거란다. 만약 행운이 찾아오지 않는다 하더라도 슬퍼할 건 없단다. 왜냐 하면 그 과정만으로도 삶은 충분히 의미 있는 일이거든.'

아이들의 머리에 뙤약볕이 쏟아지고 있었다. 한 때의 소중한 추억이려니 하는 생각과 함께 난 눈빛으로나마 무언의 말을 던졌다.

벤치에서 일어서 아이들에게 활동 지시를 했을 때 뙤약볕이 후두두, 떨어져 내리고 있었다.

비 갠 날의 사색(思索) II

다른 때보다 지루하게 이어지던 장맛비가 이제 모두 그쳤다. 라디오 일기 예보를 하는 사람의 목소리도 오랜만에 생기를 되찾으며 스피커를 낭랑하게 울리고 있었다. 차에서 내렸을 때, 오랜 시간 먹구름에 자리를 내 주었던 하늘은 그로부터 서서히 제 자리를 넘겨받고 있었다. 마치 무엇에 얻어맞은 뒤끝 같았던 그 동안의 칙칙했던 기분을 털어내 보자는 생각에 미치자, 마음이 서서히 급해지기 시작한다. 아파트 주변이라도 돌아볼 요량으로 부리나케 간편한 옷으로 갈아입고 엘리베이터에 다시 몸을 싣는다. 엘리베이터의 문이 열리자 기분 좋은 햇살이 내가 내리기도 전에 한가득 쏟아져 들어와 왁자지껄 떠들어댄다.

금방이라도 옷을 적실 듯 습기를 잔뜩 머금은 아파트 앞 화단이 일체의 움직임을 접은 채 가만히 앉아 있다. 얼마나 기다렸을까? 생나무울타리 사이사이에 비를 피해 있던 아이들의 목소리가 조심스레 고개를 빼고 하늘을 올려다보고 있다. 이윽고 서로를 건너다보는 얼굴에 씻은 햇살을 닮은 미소가 번지고, 놀이터는 서서히 술렁대기 시작한다. 금방이라도 뛰쳐나올 것 같은 아우성을 뒤로 하며 주차장 쪽으로 발길을 잡는다.

빗물을 잔뜩 머금은 화단의 나무들이 파란 하늘과 해후(邂逅)하고 있었다. 풍선처럼 터질 듯 부풀어 오른 잎으로 나무는 성장(盛裝)을 이루고 있었다. 누가 심었을까? 녹음 아래 심어진 토란이 이색적이다. 그늘지고 척박한 땅이라 실해 보이지는 않지만, 그래도 대견하게 제 모습은 갖추었다. 녹음에 가려 제대로 자라지 못한 듯 낭창낭창한 줄기가 떨고 있고, 얼떨떨한 표정이 아직도 가시지 않은 빗물방울이 떨림이 멈추기를 기다리고 있다. 하지만 점점 커지기만 하는 움직임에 가슴이 조마조마하다. 놀이터에 남겨 두고 온 바람이 등 뒤에 와 있다고 느낀 순간, 이미 바람은 토란잎을 톡, 건드리며 주차장 쪽으로 사라지고 있다. 그러자 물방울은 마치 공중 부양을 준비하는 곡예사처럼 토란잎 위를 몇 바퀴 빙빙 돌다가 자기가 앉았던 흔적조차 모두 데리고 끝내 땅 속으로 사라진다.

어디에서 옮겨왔을까? 토란 줄기 밑에 뿌리내린 취가 하늘을 향해 까치발을 하고 있다. 땅에 붙어 있기도 힘겨웠을 시간을 넘어, 오그라들었던 혈관을 펴며 다시 하늘을 꿈꾸고 있는 모습이 대견해 보인다.

천천히 시선을 걷으며 발길을 옮기려 할 즈음, 토란 줄기에 붙은 무엇이 시선을 붙잡는다. 걸음을 다시 멈추고 고개를 돌렸을 때, 일순간 숨이 멎고 마른침이 삼켜진다. 습한 곳을 좋아하는 달팽이 한 마리가 토란 줄기를 기어오르고 있다. 달팽이를 방해하지 않도록 살며시 그 자리에 쭈그리고 앉아 지켜보기로 했다. 하지만 이런 나의 시선은 아랑곳하지 않은 채 달팽이는 조금씩, 조금씩 토란 줄기를 기어오른다. 조금 전과 달라진 것 없는 비슷한 동작에 마치 거북이처럼 느린 속도가 전혀 서두르는 기색이 없다. 시간이 지나면서 난 점점 가슴이 답답해지고 조바심이 나며 급기야 장난기가 발동한다. 살며시 다가가 손끝으로 톡 건드리자 달팽이는 안테나를 접고는 아예 전진을 멈춰 버린다.

그런데 그 잠시의 정지된 시간 속에 내가 뭔가 착각하고 있는지도 모른다는 생각이 머리를 친다. 나의 눈에 느려터지게만 보인 달팽이의 모습은 어쩌면 굉장히 빠른 속도로 움직이고 있는 것이었는지도, 어쩌면 중요한 무엇을 위해 급한 발걸음을 옮기고 있었던 것이었는지도 모른다는 것이다. 적어도 달팽이의 입장에서는 말이다. 그럼에도 불구하고 난 내 눈이 요지부동의 절대적인 기준인 양 믿은 오만을 범했다는 생각이 들었다. 세상사라는 것이 내 기준으로 보면 이해되지 않는 구석이 많은 법이다. 갈등과 반목도 그래서 생기는 것이다. 상대방과 눈높이를 맞추고 역지사지(易地思之)의 마음으로 상대방을 이해할 수 있을 때 불필요한 갈등과 반목을 없앨 수 있는 것임을 알면서도 난 순간 또 오만해지고 만 것이다.

이런 내 마음을 알아챈 것일까? 잠시 후 달팽이는 아무 일도 없었다는 듯 다시 안테나를 펴며 기어갈 채비를 한다. 나의 조바심을 이해한다는 듯, 적어도 나의 입장에서는 그럴 수 있는 일이라는 듯 나의 짓궂은 장난에도 불평 없이 제 갈 길을 가려고 하는 것이다.

너무 오래 쭈그리고 앉아 있었는지 무릎이 불편하다. 끙, 힘을 주며 일어서 아파트 모퉁이를 향해 갈 때 허공에서 무엇인가 움직이는 모습이 포착된다. 그러나 난시로 인해 쓰던 안경을 벗어두고 나와 그것이 무엇인지 알 수 없어 살며시 다가가 본다. 거미다. 먹잇감을 사냥하기 위해 새로 거미줄을 치고 있었던 것인지, 아니면 장맛비에 파손된 거미줄을 복구하고 있었던 것인지 알 수는 없으나, 거미는 부지런히 거미줄을 오가고 있다. 주위 상황이 어떻든 자기가 해야 할 일에만 집중하고 있는 모습이 신성해 보이기까지 한다.

잠시 숨을 고르고 있는 것일까? 아니면 거미줄의 이상 여부를 확인이라도 하고 있는 것일까? 아니, 어쩌면 지나가는 산들바람에 몸을 맡기며 노동으로 땀 흘린 자의 특권을 만끽하고 있는지도 모를 일이다. 마치 똬리를 틀고 앉은 뱀처럼 거미는 허공에 뜬 채 더 이상의 움직임을 접었다.

큰 것만을 생각하기에 우리 삶은 작고 하찮은 것이 너무도 많다. 하지만 작고 하찮은 것 없이 큰 것이 존재할 수는 없는 일이다. 잠을 자고 일어나면 맞이하는 흔한 내일도 그 누구에겐가 절실한 시간일 수 있음을 생각하면 작은 현상들 하나도 흔한 일상으로만 치부해 버릴 수 없을 만큼 소중하다. 오랜만에 삶의 주변을 거닐며 가슴에 담은 모습들 하나하나를 다시금 소중하게 가슴에 떠올려 보는 이유가 여기에 있다.

나무에게도, 토란에게도, 그리고 달팽이와 거미에게도 그들만의 하늘이 있을 것이다. 인간의 눈에 보이는 하늘보다 작아 보일 수는 있을지 몰라도 그들에게도 그들 나름의 하늘이 있음을 부정할 수는 없는 일이다. 어쩌면 그들에겐 커 보이는 인간도 그 누군가에겐 개미처럼, 아니 육안으로는 보이지 않는 미세한 생명체처럼 작고 하찮은 존재일지도 모른다. 그럼에도 불구하고 우리는 종종 세상 모든 것이 '나'를 위해 존재하고, '나'를 중심으로 돌아간다는 아집과 오만으로 살아가고 있는 것은 아닌지 모르겠다. 아무리 작은 것도, 그래서 나의 세계에서는 존재 가치를 부여할 필요조차 없는 보잘것없고 하찮은 것도 그들의 세계에서는 중심이요, 나름대로의 존재 가치를 부여받고 있는지도 모르는 일이다.

꽃이 아름다운 것은 보는 사람의 마음이 아름답기 때문이라고 한다. 작은 것을 볼 줄 아는 눈만이 큰 것을 볼 수 있는 법이다. 작은 것을 볼 줄 모르는 눈은 큰 것도 결코 온전히 볼 수 없는 법이다. 작은 세계, 그래서 하찮아 보이는 세계 속에 어쩌면 결코 작다고만은 말할 수 없는 참으로 큰 세계가 존재함을 삶은 종종 가슴에 새겨야 할 일이다. 어쩌면 진정으로 소중한 무엇이 그 속에 있을지도 모르는 일이기 때문이다.

일상적으로 보기 어려운 광경들 속에 내 가슴도 장마 끝난 대지처럼 어느덧 젖어 있었다. 심호흡하며 가볍게 뛰어오르자 어디서 나타났는지 등 푸른 물고기 한 마리가 파닥거리며 가슴 한 복판에서 튀어 오른다. 마음 속 칙칙한 먹구름을 걷어낸 상큼한 오르가즘의 저 편 하늘연못에 한 덩이 뭉게구름이 조각배처럼 두둥실 떠 있었다.

풍선

교정에 울리는 만남과 이별의 변주곡

세상 모든 것이 때가 있음은 거부할 수 없는 진실인가 보다. 쥘 때가 있으면 펼 때가 있고, 삼킬 때가 있으면 뱉을 때가 있으며, 나아갈 때가 있으면 멈출 때 또한 있는 법이니 말이다. 그래서 때를 알고 그 때를 거스르지 않는 자의 삶의 맛은 몇 번이고 다시 음미하고 싶도록 만드는 매력이 있다. 마치 눈으로, 코로, 그리고 마음으로 음미한다는 차의 맛처럼 말이다. 이런 삶의 진실 앞에 서면 누구인들 고개를 끄덕여 수긍하지 않을 수 있으랴?

하지만 때론 미련과 안타까움에 마음을 졸이다가 끝내 쥘 때와 펼 때, 삼킬 때와 뱉을 때, 그리고 멈추고 나아갈 때를 놓치는 경우도 우리 삶에는 허다한 것 같다. 또한 순간의 부질없는 욕심으로 인해 순리를 어긴 값비싼 대가를 치르며 후회하게 되는 경우도 우리는 자주 만나게 된다. 그래서 신이 아닌 인간이라 할 수 있는 것이라면 마음 한편에 이런 인간을 향한 연민의 정이 생기는 것은 인지상정(人之常情)이리라.

이제는 놓을 때가 되었나 생각하는 순간, 손아귀의 힘이 빠지기 시작한다. 순간, 반사적으로 힘이 들어간다. 먼 길 달려온 바람이 처마 끝에 졸다가 잠이 덜 깬 동자승의 새벽 하품 소리에 놀라 풍경에 머리를 박는 모습이 이와 같을까? 스르르 내 손을 벗어나던 풍선들이 화들짝 놀라 움찔하며 걸음을 멈춘다. 오로지 나의 하늘에 시선을 둔 채 뒤따라가던 풍선들이 그만 앞선 풍선의 등에 머리를 박고 엉덩방아를 찧는다. 내 손안은 일순간 아수라장이 된다. 얼마간의 시간이 흘러 사태가 진정되자, 이윽고 다시 갇히게 된 풍선들이 일제히 소리 없는 아우성을 치기 시작한다. 그 모습이 장난기가 발동하게 할 만큼 귀엽다. 다시금 슬며시 힘을 빼자, 그들의 아우성이 차츰 수그러들기 시작한다. 이제는 놓아 줘야 할까 보다.

하나

여느 때처럼 조심조심 내 영혼을 나누어주고 있을 때, 풍선 하나가 내 곁을 떠났었다. 살며시 입을 대는 순간, 그는 복어의 배처럼 갑자기 부풀어 오르며 난데없이 나타난 회오리바람에 허리를 감긴 채 나의 하늘을 떠나갔다. 그런데 떠나면서도 나의 얼굴에 뿌린 미소가 마치 잘 갈린 먹물처럼 짙어 오래도록 나의 뇌리를 떠나지 않았었다. 그래서 생각지도 못했던 이별이 더욱 마음 아팠었다.

그런데 신의 예비였을까? 떠난 지 몇 달 후 그는 떠날 때의 그 미소를 고스란히 간직한 채 나의 하늘로 돌아왔다. 하지만 여기저기 채 아물지 않은 상처에 애처롭고 마음이 쓰렸다. 그 상처와 함께 대하는 그의 미소는 애잔하게 가슴을 긁었다. 하지만 내 손아귀에 잡아두기엔 시간이 너무 늦어 있었음이 안타까웠다. 아니, 상처투성이의 그를 감당하기에 내가 가진 능력은 너무도 보잘것없었기에 그를 맞을 수 없었는지도 모른다. 하지만 이런 내 마음을 아는지 모르는지 그는 변함없는 미소를 내 얼굴에 포개며 슬며시 나를 스쳐 지나갔다.

그런데 옷깃만 스쳐도 인연이라 했던가? 이런 내 마음과는 상관없이 그 이후에도 그는 내 울타리 안으로 들어오려고 무던히도 애를 쓰는 모습이었다. 울 한 귀퉁이를 모르는 척 열어 줄까 생각도 했지만, 그건 그를 위한 것이 아니라는 생각에 쉽사리 열어 주기도 어려웠다. 하지만 그는 어느 날 문득 나의 울타리 한 쪽을 녹이듯 허물며, 내 코앞에까지 다가와 있었다. 그럴 바엔 차라리 애초부터 받아들일 걸 그랬나 하는 생각이 고개를 들었지만, 이미 엎질러진 물이었다. 난 온전히 마음의 문을 열어 그를 받아들일 수도, 그렇다고 억지로 배척하지도 못하는 어정쩡한 상태로 어색한 만남을 이어갈 수밖에 없었다.

인연의 끈은 질긴 탓에 어쩔 수 없음을 알면서도 부족함 투성이인 인간인 탓에 소중한 인연을 잃고 있었음을 안 것은 그가 나의 하늘을 떠나가는 순간이었다. 그 날 하늘은 그의 잔상조차 남기지 않으려는 듯 파랗기만 했다. 그래도 그 하늘이 따스하게 느껴진 것은 나의 가슴에 부조처럼 새겨진 그의 미소 때문은 아니었을까? 하늘 여기저기를 뒤지며 그의 잔상을 찾고 있을 때, 나의 하늘은 그의 미소를 닮은 햇살을 내 가슴에 흩뿌리고 있었다.

둘

어느 날, 오래 전 나의 하늘이 싫다며 떠났던 풍선 두 개가 나의 하늘로 다시 돌아왔다. 이국의 하늘을 떠도느라 칙칙해진 빛깔과, 바람이 빠질 대로 빠진 초라한 모습으로 그들은 내 앞에 나타났다. 다시금 떠났던 자리로 돌아오게 될 줄을 그들은 알았을까? 나의 하늘을 떠나려고 무척이나 애를 쓰더니 결국은 다시 돌아왔나 하는 생각을 하니, 원망의 마음이 가슴 속에 뿌연 흙먼지를 일으켰다. 또한 마음이 아려왔다. 어쩌면 그들은 애초부터 출구 없는 미로를 헤맸던 것인지도 모를 일이다. 오랜 시간을 헤매다 찾은 출구 앞에서 다시 한 번 무너졌을 그들을 생각하니, 측은한 생각이 들기도 했다. 다른 세상을 꿈꾸며 그곳으로 통하는 문이라 생각하고 찾은 곳이 이곳, 애초에 자기들이 출발했던 원점이라는 사실 앞에 그들은 아무런 새로운 욕구도 갖지 못한 채 무너져 있으리라.

이리저리 밟히고 치였을 그간의 삶을 묻는 것은 불필요한 일일 것 같아 난 말없이 그들의 눈을 응시하고 있을 수밖에 없었다. 충혈된 눈, 때 묻은 얼굴, 여기저기 해진 옷에 아직도 피고름이 흐르는 상처, 난 차라리 눈을 감아 버렸다. 하지만 안 보면 나을 줄 알았는데, 그들의 모습이 마음의 눈에도 아른거려 난 그만 현기증이 났다. 잠시 후 급한 대로 추해 보이는 부분을 가리고, 보기 흉한 상처에 응급 처치를 하는 것으로 난 대충 첫 만남을 마무리했다.

하지만 그 버릇을 어디에 버리랴? 그들은 나의 하늘에 수시로 먹구름을 만들며 나의 우울한 초상을 다시 만들기 시작했다. 잡으려고 쫓아가면 저만치 도망가고, 간신히 달래놓으면 그들은 이내 몸서리를 치며 도망가 버려 나로 하여금 맥이 빠지게 만들었다. 결국 그 중 하나는 회오리바람의 유혹을 견디지 못하고 제 안에서 솟구쳐 오르는 기운을 억제하지 못한 채 끝내 머나먼 이국의 하늘로 날아갔다. 뒤도 돌아보지 않고 떠나는 그의 뒷모습을 좇으며 난 오죽하면 저럴 수밖에 없을까, 될 수 있는 한 이해하려고 노력했다. 하지만 그 후 그는 세파에 시달리고 갖은 상처를 안은 몸으로 근근이 살아가고 있다는 소문으로 나를 찾아왔다. 그 소문을 들으며 난 그를 다시 만나기 어려울지 모른다는 불길한 예감을 떨칠 수 없었다.

물론, 그 중의 하나는 이제 초라한 모습을 벗고 당당히 이국의 하늘로 떠날 준비를 하고 있다. 대견한 마음에 물끄러미 들여다보고 있노라면 그는 예전의 수줍은 미소를 내 얼굴에 포갠다. 군데군데 색깔이 바래고, 아직도 상처가 말끔히 가신 모습은 아니지만, 그 상처는 세월 지나면 아물 것이다. 그러면 그 자리엔 새살이 돋을 것이고, 그 살은 팍팍한 현실을 굳게 딛고 살아갈 힘이 될 것이다. 쉽사리 나의 하늘을 떠나기 어려운 듯 천천히 맴돌다 그는 구름과 함께 나의 하늘을 떠났다. 하지만 나의 하늘엔 여전히 그의 모습이 잔상으로 남아 있었다.

셋

손가락 끝에 잡혀 있던 풍선 하나가 내게 눈을 맞추려고 애쓰는 모습이다. 잠시 그 얼굴을 물끄러미 들여다보자 그는 애교 섞인 몸짓을 한다. 이제 그만 놓아 달라는 애원인가 보다. 손가락 끝에 잡혀 있던 끈을 살짝 풀어주자, 파랗게 펼쳐진 나의 하늘로 가슴에 품은 동경만큼 두둥실 떠오른다. 그 모습이 아무런 미련도 없어 보인다. 슬며시 야속한 생각이 든다. 하지만 떠나는 자의 마음이려니 생각하면 이해 못할 바도 아니다.

많이 수그러들기는 했지만, 여전히 아우성치는 그들에게 잠시 눈길을 주었다가 다시 고개를 드니, 내게 물끄러미 눈을 맞추고 있는 그의 얼굴이 나를 기다리고 있다. 그런데 아무런 미련도 없어 보인다고 생각했던 그의 얼굴이 젖어 있었다. 막상 떠나려니 발길이 쉬이 떨어지지 않는 모양이다. 난 그만 코끝이 시큰해진다. 아무 말 없이 손짓하며 잘 가라 하자, 그는 천천히 돌아선다. 아직도 많이 작아 보이는 그의 등이 시야를 가득 채운다. 어떤 모습으로 자기를 맞이할지 알 수 없는 더 넓은 미지의 세계를 향해 지금보다 힘찬 날갯짓을 해야 할 그의 모습을 생각하니 애처로운 마음이 슬며시 고개를 쳐든다.

하지만 가야만 하는 길을 앞에 두고 부정하는 것만큼 어리석은 일도 없으리라. 천천히 걸음을 떼다가 다시금 돌아보는 그에게 난 다시 한 번 크고 힘찬 손짓을 해 보였다. 눈물을 가둬 두느라 가슴은 온통 벌개졌고, 끝내 터질 것 같았다. 물꼬가 터지듯 어느 새 가슴에선 눈물이 빠른 속도로 기어오르고 있었다. 그만 목이 메었다.

이윽고 바람 열차가 도착하고, 그는 그 열차에 몸을 싣고 나의 하늘을 떠나갔다. 만남이란 것이 영원하지 않은 것이라면 헤어짐 또한 영원한 것은 아니리라. 그 또한 이것을 믿기에 아쉬운 마음을 누르고 나의 하늘을 떠날 수 있었으리라. 그를 실은 열차의 뒷모습을 좇으며 빈한(貧寒)한 가슴을 쓸어내려 본다. 나의 하늘에 희미하게 남은 잔상(殘像)을 어루만질 때, 끝내 흘러내리는 눈물을 나도 어쩔 수 없었다.

이제는 정말 놓아 줄 때가 되었구나 생각하며 손아귀의 힘을 서서히 푼다. 남아 있던 풍선들이 하나 둘 날아가 각양각색의 빛깔과 모양으로 나의 하늘을 채운다. 빨, 주, 노, 초, 파, 남, 보…… 이질적인 색깔의 조합으로도 아름다움을 연출하는, 마치 거대한 무지개 같다. 어떤 것은 크고, 또 어떤 것은 작은, 어떤 것은 색깔이 선명하고, 또 어떤 것은 연한 빛깔로 각기 살아온 삶만큼의 모습으로 그들은 잠시 나의 하늘을 채우는 모자이크로 자리한다. 그 모습을 대하니 숨쉬기 어려울 만큼 벅찬 마음이 눈물이 되어 가슴을 채운다. 어슴푸레 멀어지는 그들의 모습에 끝내 흘러내리는 눈물을 닦고 나니, 그들은 이미 하늘 언덕을 넘어가고 있었다.

주차장에서 놀이터까지

언제부턴가 내겐 버릇이 하나 생겼다. 물론 그 버릇은 내 삶을 뒤바꿔 놓을 만큼의 강력한 힘을 지닌 것은 아니었다. 하지만 그 습관은 순간순간 내 마음을 좌지우지(左之右之)하며 제멋대로 지배했다.

차를 몰고 아파트 단지에 들어서면 눈보다 귀가 먼저 반응하곤 했다. 무의식이 소리를 향해 자연스레 안테나를 세우는 것이다. 그러나 창문이 닫혀 있으면 귀는 이리 갔다 저리 갔다 안절부절못하다가 끝내는 반항을 시작한다. 창밖의 소리를 향해 창문에 쉼 없이 머리를 박는 것이다. 그래서 아파트 입구에 들어서면 난 언제부턴가 창문을 내리는 버릇을 가지게 됐다. 그 때마다 귀는 이곳저곳

잘도 뒤지고 다녔다. 그리고는 종종 낯익은 얼굴을 내 앞에 데리고 오기도 했다. 그러면 난 뒤를 확인하고 비상등을 켜고 잠시 차를 멈춰 아는 체를 하거나 뒤따르는 차량이 있는 경우엔 가벼운 목례라도 했다.

그러나 비가 내리거나 날씨가 추운 날은 창문을 열기가 곤란하다. 그래서 이런 날의 귀의 반항은 극(極)에 달하기 마련이다. 창문을 들이받는 것으로도 모자라 창밖의 모든 것을 빨아들이겠다는 듯 온몸을 창문에 바짝 붙이고 식식거리기까지 한다. 그 얼굴에 나를 향한 원망의 빛이 서려 있다. 기후 조건도 기후 조건이지만 도로와는 달리 이곳저곳에 위험 요소가 많아 눈길을 줄 수 있는 상황도 아니어서, 안쓰럽지만 난 그 반항을 무릅쓰고 주차장까지 간다. 주차장에 도착해 시동을 끄고 문을 열면 귀는 탄성(彈性) 좋은 용수철처럼 튕겨나간다. 그리고는 한꺼번에 많은 소리들을 데리고 돌아와 내 얼굴을 빤히 올려다보며 반응을 살피곤 한다.

귀가 가져온 많은 소리들은 상당 부분 놀이터에서 가져온 것들이다. 놀이터가 들썩들썩하는 것으로 보아 아마도 아이들이 많이 모인 모양이다. 이쯤 되면 내 마음은 급해지기 시작한다. 이런 내 마음을 아는지 귀가 먼저 놀이터를 향해 쌩, 달려간다. 뒤섞인 아이들의 목소리 속에서 내 아이들의 목소리를 찾아 주려는 것이다. 귀가 이끄는 대로 따라가 보니, 미끄럼틀 꼭대기에 큰아이의 모습이 보인다. 밑에 있는 제 또래의 아이들에게 무어라 말하며 짓궂은 표정을 짓고 있다. 생울타리 너머로, 모래를 연신 긁어모아 모래성을 쌓으며 딸아이는 제 또래의 친구 하나와 놀고 있다.

큰아이가 나를 발견했는지 큰 소리로 인사하며 손짓을 한다. 이윽고 벤치에 앉아 있던 아내가 일어서고 함께 담소(談笑)하던 이웃들이 아는 체를 한다. 딸아이가 생울타리 쪽으로 뽀르르 뛰어와 웃음 한 움큼을 던진다. 그 웃음을 얼굴에 받으면 나도 슬며시 웃음이 나고 기분이 좋아진다.

가끔은 두 아이 중 한 아이만 나와 놀고 있는 경우도 있었다. 또 가끔은 두 아이 모두 놀이터에 나와 있지 않은 때도 있었다. 그래서 가끔은 귀가 실망스런 표정으로 돌아오기도 했다. 어떤 때는 다른 아이들이 노는 모습을 물끄러미 쳐다보며 내 아이들이 그 속에 없는 아쉬움을 달래기도 했다. 하지만 주차장에 차를 대고 귀가 데려다주는 소리를 따라 놀이터를 향해 가는 그 짧은 시간을 행복감으로 채우는 나날은 계속되었다.

그런데 언제부턴가 놀이터로 달려간 귀가 힘없는 모습으로 돌아오기 시작했다. 그리고 언제부턴가는 시동을 끄고 문을 열어도 차에서 내릴 생각도 하지 않았다. 탄성이 무뎌진 것처럼, 아니 탄성을 아예 잃은 용수철처럼 귀는 소리에 대한 반응을 접어 버렸다. 그러고 보니 놀이터에서 노는 아이들의 수가 전에 비해 눈에 띄게 줄었다는 느낌이 들었다. 동시에 내 아이들의 모습을 찾기도 쉽지는 않았다. 그 후로 아파트 입구에 들어설 때 난 더 이상 창문을 열지 않게 되었다.

오늘도 주차장에 차를 대고 시동을 끈다. 그리고 너부러져 있는 귀를 잡아당겨 차에서 내린다. 이따금 지나가는 바람이 그네를 흔들고 있을 뿐, 놀이터가 텅 비어 있다. 내 아이들이, 다른 아이들은 없어도 내 아이들만이라도 저 속에 놀고 있으면 얼마나 좋을까 생각하는 사이, 댓살쯤 돼 보이는 여자아이 하나가 엄마 손을 붙들고 놀이터에 들어서고 있었다.

오늘은 큰아이를 데리고 유등천에 나가 자전거라도 타야 할 것 같다. 오늘은 꼭 그러고 싶다.

낯선 모정(母情)

‘왜 저러고 있을까?’

딸아이를 유치원에 데려다주고 돌아오는 길이었다. 삼십 초반에서 중반쯤 됐을 법한 여자가 아파트 화단 나무 뒤에 숨듯이 서 있었다. 아이와 숨바꼭질이라도 하는 것일까 생각해 보니 왠지 어색한 모습이었다. 누군가를 피하기 위해 숨어 있는 것일까 생각해 봐도 정황이 전혀 그런 것 같지 않았다. 여자는 정면의 아파트를 향해 팔짱을 끼고 서 있다가 이따금 도로 쪽을 흘깃거리고는 다시 나무 뒤로 숨었다. 몸을 숨기느라 돌아선 여자의 화장기 없는 맨얼굴엔 초조함과 불안함이 그늘을 만들고 있었다. 내가 가까이 다가가도 여자는 아랑곳없이 그 행동을 반복했다. 궁금함이 풀리지 않은 채 난 여자 앞을 스쳐 지났다.

그런데 여자를 지나쳐 아파트를 향해 모퉁이를 돌았을 때, 보통의 아이들과는 다른 모습의 아이 하나가 내 눈에 클로즈업되어 들어왔다. 한 다섯 살쯤 됐을까? 노란 가방을 메고 한 방향에 시선을 둔 채 아이는 움직이지 않았다. 아마도 유치원 버스를 기다리고 있는 모양이었다. 사람이 지나가면 옆으로 비켜서기라도 할 법한데, 아이는 길 한가운데를 차지한 채 그린 듯 서서 움직이지 않았다. 마치 방해받지 말아야 할 그 무엇을 하고 있는 것처럼 느껴지는 아이의 모습에 내가 오히려 조심스러워졌다.

평소 그 시간이면 아이들은 유치원이나 어린이집에 간다. 그런데 엄마나 할머니, 또는 할아버지 손을 잡고 버스를 기다리는 대부분의 아이들과 달리, 이 아이는 혼자 이런 모습으로 서 있는 것이다. 불안하거나 두려운 기색은 전혀 없이, 오히려 당차 보이는 모습으로 말이다.

이윽고 유치원 버스가 이웃 아파트 모퉁이를 돌아와 그 아이 앞에 멈추어 섰다. 그 때까지도 아이는 그대로 서 있었다. 버스의 문이 열리고 승차를 도와주는 선생님이 내리자 아이는 비로소 버스에 발을 올렸다. 이윽고 버스는 아파트 단지를 벗어났다. 그런데 내 아이를 보내는 듯한 착각 속에 버스 꽁무니를 좇고 있을 때, 낯익은 모습의 여자가 아파트 앞 도로를 횡단하고 있었다. 조금 전 아파트 화단 앞에서 만났던 바로 그 여자였다.

이튿날도 비슷한 시간에 여자는 그런 모습으로 나를 만났다. 그런데 나의 눈에 비칠 자신의 모습은 전혀 관심 없다는 듯 여자는 어제와 같은 행동을 여전히 반복하고 있었다.

오전 일을 마치고 집으로 돌아온 아내에게 이런 이야기를 했더니, 아내는 그 아이 엄마가 맞을 거라 했다. 최근 유치원이나 어린이집에서는 아이들에게 자립심을 길러주기 위해 아이 혼자 등원시키도록 부모들에게 권유하고 있다고 했다.

아이에게 홀로 설 수 있는 힘을 길러줘야 하기에 혼자 등원시키는 것도 필요했으리라. 하지만 혼자 등원시키려니 짠하고 불안한 마음도 없지는 않았으리라. 아이의 등원을 안전하게 지키는 일과 아이가 삶의 힘을 기를 수 있는 기회를 주는 일 사이에서 그 여자는 고민했을 것이다. 그리고 일상이 다소 불편한 선택을 했으리라. 내 자식을 위해서라면 무엇이든 다 해 주려는 요즘의 낯익은 모정 속에서 만난 낯선 모정이었다.

아이 혼자 보내기 불안하고 안쓰러운 마음은 어린 자식 둔 부모라면 누구나 가질 수 있는 인지상정(人之常情)이다. 하지만 그 자식도 언젠가는 모든 것을 스스로 선택하고 헤쳐 나가야 할 자기 삶의 주체임도 부정할 수 없는 일이다. 우리는 혹 아이의 모든 것을 부모의 가치관에 따라 선택해 주며 그것만이 옳다고 강요하고 있는 것은 아닌지 돌아볼 일이다. 아이에게 스스로 판단하고 선택할 수 있는 기회를 얼마만큼이나 주어 왔는지 되짚어볼 일이다.

미성년의 자식의 삶을 위해 앞에서 끌어주는 것도 필요하다. 또한 좌절하지 않도록 옆에서 부축하며 그들의 삶에 함께 해 주는 것도 필요하다. 하지만 때론 뒷모습을 지키며 아이 스스로가 판단하고 선택할 수 있는 기회를 주는 인내도 그에 못지않게 중요한 일이다. 왜냐 하면 아이들의 삶도 스스로의 판단과 선택에 의해 만들어 가야 할, 부모의 삶만큼이나 소중한 삶이기 때문이다. 설령 아이 스스로의 판단과 선택이 그 아이로 하여금 실패를 경험하게 한다 하더라도, 아이에게 그것은 보다 큰 실패를 막을 수 있는 소중한 경험의 씨앗이 될 것이요, 그 씨앗은 언젠가 싹을 틔우고 자라 지금보다 아름다운 꽃으로 피어나게 할 수 있을 것이다.

내 자식을 위해서라면 무엇이든 다 해 주려는 낯익은 모정과 스스로 판단하고 선택하는 자식의 뒷모습을 불안하고 짠한 마음 무릅쓰고 지켜보는 낯선 모정의 거리를 어림해 보고 있을 때 어디서 왔는지 찬바람 한 줄기가 가슴을 쓸고 지나가고 있었다.

오늘도 난 같은 장소에서 같은 모습의 여자를 만났다. 그리고 그 앞으로 지나오며 마음 속으로 이렇게 말했다.

'잘 하셨습니다. 당신의 선택이 그릇된 것이 아니었음을 당신의 아이가 증명해 줄 겁니다.'

또한 여전히 그린 듯 서 있는 아이의 머리 위에 이렇게 말했다.

'저런 어머니를 둔 넌 행복한 아이란다.'

버스 꽁무니를 눈길로 좇는 여자의 모습을 뒤로하고 돌아섰을 때, 내 사랑하는 두 아이가 가슴 속에서 맑게 웃고 있었다.

지금 놀이터에는

참 기특하다. 마냥 어리기만 한 아이인 줄 알았는데, 나이를 먹기는 먹는가 보다. 벌써부터 세상을 아는 듯 아이는 이것저것 세상에서 살아남기 위한 일들을 하고 있다.

내가 아이만했을 때를 생각해 보면, 그 때의 나에 비해 아이는 많은 것을 잘도 소화해 낸다. 그 나이 때의 난 산으로 들로 놀러다닌 기억밖엔 없는데, 공부는 그저 학교에서나 하는 것인 줄 알았는데, 아이는 놀이 시간에 대한 강한 집착을 갖게 될 만큼 많은 일을 하고 있는 것이다. 물론 아이의 판단 이전에 부모로서의 내가 시킨 것이 많기는 하지만 말이다.

우리 아이뿐만 아니라 요즘 아이들은 참으로 해야 할 것이 많다는 생각이 들 때가 많다. 과외에 학원 수강 몇 가지는 기본이고, 체육관이나 도장에 다니며 운동도 하나씩은 배워야 한다. 지식과 교양을 쌓기 위해 책도 아주 많이 읽어야 하고, 친구들과 대화라도 통하려면 컴퓨터 게임도 해야 한다. 그러니 밖에 나와 또래 친구들과 어울려 노는 일이 쉬운 일이겠는가? 그나마 온라인상에서 만나 게임도 하고 의사소통도 할 수 있음을 다행으로 여겨야 할까?

자신의 삶에 대해 아이들은 어떻게 생각하고 있을까? 지금 자신들이 하고 있는 일들에 대해 아이들은 어느 정도의 필요성을 느끼고 있을까? 아이가 느껴야 할 필요성은, 어쩌면 스스로가 시대에 뒤떨어진 부모가 되지 않으려는 어설픈 부모의 조바심은 아닐는지……. 필요성을 느낄 수 있는 나이도 아니요, 필요성에 대한 생각보다 오히려 또래 친구들과 어울려 노는 것이 더 중요한 나이임을 알면서도 우리는 아이의 장래를 위해서라는 그럴듯한 명분으로 주변의 분위기에 편승하며 그것을 애써 외면하고 있는 것은 아닐까? 다른 부모들도, 다른 아이들도 다 그렇다는 구차한 구실을 만들어 애써 자위(自慰)하고 있는 것은 아닐까?

한 살 한 살 나이를 먹어 갈수록 아련한 기억 속의 어린 시절이 그리워질 때가 많아졌다. 머리를 많이 채웠다 싶었는데, 세상은 어느 새 그 머리 위에서 나를 조롱하고 있을 때가 많았고, 그만 맥이 풀려 땅바닥에 주저앉으면 가난한 가슴이 나의 어리석음을 비웃고 있었다. 특히, 이것 배우랴, 저것 배우랴 동분서주하는 아이의 모습을 물끄러미 들여다보고 있노라면 가뜩이나 가난한 가슴에 스산한 바람이 일어 휘청거리는 때도 많아졌다. 아이로부터 눈을 돌려 다시금 현실의 얼굴을 마주하면 나의 어린 시절은 마치 갑자기 경기 일으킨 아이처럼 저만치 달아나 나를 향해 경계의 눈빛을 쏘곤 했다.

그저 나이를 먹었기 때문이라는 물리적인 이유 때문만은 아닌 것 같다. 아이의 하루 생활을 꼼꼼히 챙기는 아내의 모습과 가끔은 하기 싫어 꽁무니를 빼는 아이의 모습을 지켜보고 있노라면 나의 정신은 악몽 끝에 깨어난 잠자리처럼 옳고 그름의 판단도 할 수 없는 공황 상태가 되곤 한다. 또한 제 방에 틀어박혀 수학 문제를 풀고 나오는 아이의 얼굴엔 짙은 화장으로 본얼굴을 가린 채 모른 척 돌아서 버린 비겁한 나의 얼굴이 얹혀 있었다.

방학이 시작돼 며칠 지난 어느 날, 그렇게 놀기 좋아하던 아이가 밖에 나가지 않아 넌지시 물었더니, 놀 친구가 없다고 했다. 이해할 수가 없었다. 아이는 내게 구구절절이 이유를 설명했다. 누구는 과외 받으러 가야 하고, 누구는 학원에 가야 한다고 했다. 또 누구는 검도장에 가야 하고, 또 누구는 컴퓨터 게임하는 시간이라 나와 놀 수 없다고 했단다. 할 말이 없었다. 거실과 방을 왔다갔다하며 빈둥거리는 큰아이의 뒷모습을 보며 내내 마음이 쓰렸다. 아내에게, 친구 엄마들과 상의해 하루에 단 30분만이라도 아이들이 만나 함께 놀 수 있는 시간을 만들어 볼 것을 권했지만, 그것도 여의치 않은 모양이었다. 아이들에게 놀이 시간도 만들어 줘야 하는 세상을 우리는 살고 있는 것이다.

놀이는 문화다. 그래서 그 속엔 삶이 녹아 있다. 아이들은 이 놀이를 통해 세상을 살아가는 지혜를 자연스레 터득한다. 또한 사회와 개인의 관계를 이해함은 물론, 그 속에서의 개인의 역할에 대해서도 인식하게 된다. 원칙과 융통성, 지켜야 할 규칙과 타인에 대한 배려를 익히는 데도 놀이는 대단히 큰 역할을 한다.

예로부터 노동의 자리에 함께한 노래와 춤은 무엇을 말하는가? 노래와 춤은 삶을 표현하고, 삶의 애환을 씻어냄으로써 보다 의미 있는 삶을 재생산해 내는 능동적이고 적극적인 행위였다. 따라서 아이들에게 있어 놀이는 그들의 성장과 또 다른 삶의 창조를 위한 의미 있는 행위로 인식돼야 하며, 단순히 공부를 위해 머리나 식히는, '노는 것'이라는 의미를 뛰어넘어야 한다.

지나가는 바람이 장난삼아 그네를 희롱하자 그네는 마지못해 삐걱거리며 묵은 녹을 떨어낸다. 시소는 앉은뱅이가 되어 더 이상의 비상의 꿈을 접었다. 고개 돌려 바라본 미끄럼틀엔 햇살이 힘없이 미끄러져 내려오고 있었다. 황무지처럼, 모래밭 위로 불쑥불쑥 솟은 돌들이 고장나 방치해 버린 게임기처럼 쓸쓸하다. 아이들의 흔적조차 울타리 그늘에 잠든 지 오래다. 흔들어 깨우면 이따금 신경질적으로 몸을 뒤챌 뿐 깨어날 생각을 접어 버렸다.

오늘도 놀이터에 아이들은 없다. 그저 바람과 햇살만 잠시 머물다 등을 보이며 쓸쓸히 돌아갈 뿐이다.

말 VI

'원조(元祖)' 와 '참' 에 대하여

I

회식이 있어 음식점 밀집 지역을 찾아가다 보면 많이 보는 말 가운데 하나가 '원조'라는 것이다.

원조란 나중 것의 바탕이 된 맨 처음 것을 뜻한다. 음식점 상호 등의 앞에 접두사처럼 으레 붙는 이 원조라는 말은 물론 자기 음식점이 원조라는 의미를 나타낼 것이다. 하지만 가만히 생각해 보면 그 속엔 다른 음식점은 원조가 아니라는 뜻도 동시에 내포돼 있다. 말하지 않아도 말하고 있는 것이나 진배없는 것이다.

그래서 난 이 말을 대하면 더불어 살아야 할 세상에서 타인을 배제하고 자기만을 생각하는 듯한 이기주의가 느껴져 서글퍼지곤 한다. 동시에 원조가 아니면서도 이 원조에 맞서 원조라 강변하는, 원조 아닌 것이 많은 현실에 슬퍼지곤 한다. 그저 단순한 의미로만 생각하고 받아들이기엔 이 말이 너무도 많이 쓰이고 있는, 우리는 이런 세상에 살고 있는 것이다. 또한 원조 아닌 것이 너무도 많이 만들어져 원조인 것처럼 버젓이 행세하는 세상에 우리는 살고 있는 것이다. 명품과 비슷한 모습을 갖췄지만 명품은 아닌, 이른바 '짝퉁'을 만들어 명품처럼 팔고 사는 사회 현상도 비슷한 맥락에서 이해될 수 있지 않을까? 그런 건 그런 것이, 아닌 건 아닌 것이 진실일진대 우리는 이것을 애써 외면하고, 급기야는 중독이라도 된 것처럼 옳고 그름의 판단력도 상실한 채 사회 분위기에 편승해 살아가고 있는 것이다.

말 그대로라면 원조는 하나여야 한다. 나를 낳아준 부모가 하나이듯, 어떤 사물의 원조도 당연히 하나일 수밖엔 없다. 하지만 비슷한 음식점들이 늘어선 상가 여기저기의 간판들이 자신이 원조임을 자부하고 있었다. 원조이건 원조가 아니건 서로 자기가 원조라고 소리 높여 우기며 웃지 못할 풍경을 연출하고 있는 것이다.

II

자기 말의 진실성을 강조하기 위해 어떤 말 앞에 흔히 붙이는 말 중에 '참'이라는 말이 있다.

참이란 사실이나 사리, 또는 진리에 어긋남이 없는 것을 말한다. 참말, 참맛, 참일꾼, 참사랑, 참사람 등 어떤 말의 앞에 붙어 그것이 사실이나 사리, 또는 진리에 합당함을 의미하고 있다. 하지만 이 말은 그것을 제외한 다른 모든 것은 참이 아니라는 의미를 동시에 내포하고 있기도 하다. 입으로 소리를 만들어 뱉지 않았음에도 불구하고 자연스레 이런 의미를 갖게 되는 것이다.

그래서 이것을 듣는 사람은 저 사람의 말만이 참말이라면 내 말은 무엇인가, 저 사람이 참사람이라면 나는 과연 무엇인가 하는 질문을 자연스레 던지게 된다. 그러다 보면 그것, 또는 그 사람이 가진 '참'에 대한 칭송보다 말하는 사람이 의도하지 않은 불쾌감이나 심지어는 불필요한 오해를 가지게 될 가능성도 항상 내재하고 있는 것이다.

그럼에도 불구하고 우리는 거침없이 자기 것을 중심으로 참이라고 말함으로써 자기 것이 참임을 역설함과 동시에 다른 사람의 것에 대해 배척의 눈빛을 쏘고 있는 것은 아닌지 생각해 볼 일이다. 그저 단순한 의미로만 생각하고 받아들이기엔 이 참이라는 말이 너무도 많이 쓰이는 세상에 우리는 살고 있는 것이다. 또한 참이 아닌 것이 참으로 많은 세상에 우리는 살고 있는 것이다. 어쩌면 우리는 참이라고 말하는 것들 중 어떤 것도 참이라고 쉽사리 믿기 어려운 사회 분위기 속에 살고 있는 것은 아닐까? 누구나 다 그렇다는 넉넉한 인심으로 묵인하며 속이고, 또 속는 삶을 숙명처럼 받아들이며 살고 있는 것은 아닐까?

'참'도 '참'이라 말할 필요가 없는 세상이어야 참세상이라 할 것이다. 그럼에도 불구하고 우리는 서로 자기가 '참'이라고 목청 높여

외치는 슬픈 풍경을 연출하고 있는 것이다.

III

내 생각만이 옳다면 나를 제외한 모든 상대방의 생각은 당연히 틀리는 것이 된다. 내가 옳을 수 있다면 상대방도 옳을 수 있는 가능성을 내재하고 있는 것이다. 또한 상대방이 그르다면 나도 그를 수 있는 가능성을 가지고 있는 것이다. 이 절대적인 원조, 절대적인 참에 대한 고집은 우리가 사는 세상에 끊이지 않는 갈등과 분쟁을 만들 수 있으며, 그 결과 우리의 가슴엔 멍이 가실 날이 없을 것이다.

어떤 하나만이 원조라면 나머지는 모두 아류라 할 수 있다. 또한 어떤 하나만이 참이라면 나머지는 모두 참이 아닌 그 무엇일 것이다. 물론 자신이 원조가 아님을 인정하기란 쉬운 일이 아니다. 거짓을 말해 놓고 그것이 거짓이었음을 번복하기가 쉬운 일은 아니다. 그러나 진정으로 건강한 사회는 원조를 인정할 줄 아는, 상대방이 참임을 인정할 줄 아는 진정한 아류들이 많은 세상은 아닐까? 자신이 아류임을, 자신이 참이 아니었음을 과감히 인정할 줄 아는 진정한 아류들이 많은 세상은 아닐까?

원조도 중요하고 참도 중요하다. 그러나 이들을 인정할 줄 아는 것은 더욱 중요하다. 왜냐 하면 이것은 세상의 모든 것이 제 위치를 찾아가도록 하는 위대한 힘이기 때문이다. 또한 사회의 구성 요소들 하나하나가 제 위치를 찾아 자리매김하고 있는 모습은 그 자체가 아름다움이기 때문이다.

공상(空想) 예찬

팽팽했던 삶도 때론 탄성이 약해진 용수철처럼, 졌다가 빠진 뱃살처럼 늘어져 무료해지는 때가 있는 법이다. 마치 처음엔 단단히 조여졌던 것이 풀고 조이는 동작을 반복함에 따라 나사산이 마모되고 헐거워져 끝내는 약간의 저항만으로도 스르르 풀려 버리는 나사 같은 때가 있는 법이다. 손가락조차 까딱하기 싫어지고, 그저 의자 등받이에 되는 대로 몸을 부린 채, 사해에 몸을 띄운 듯 시간의 강물 위를 그저 둥둥 떠내려가고 싶은 것이다.

이럴 때면, 마치 어떤 메시지도 가슴에 남기지 않는 소음처럼, 주위 사람들의 말이 의미를 상실한 채 어지러이 귓전에 부서질 뿐 가슴은 그 어떤 의미도 용납하지 않는 금단의 울타리를 만들곤 한다. 그러면 오랫동안의 구속으로부터 해방된 의식은 자기만의 울타리 안에서 본능적으로 온갖 생각의 가지치기를 시작한다. 대부분은 금방 잊히거나 버려질 생각들이지만, 그 가지치기가 데려다주는 영상이 더러는 탄성을 불러일으킬 만큼 눈앞이 환해지게 할 때가 있다.

요즘 난 수업을 마친 잠깐의 쉬는 시간이면 밖으로 나가 보려고 많이 노력한다. 일에 묻혀 지내는 경우가 많아 처음엔 그 잠깐의 짬을 내기가 녹록치는 않았지만, 마음이 세상일을 결정하는 이치를 생각하며 애쓴 결과 하루 중 한두 차례 정도는 짬을 낼 수 있게 됐다. 물론 전 같으면 담배 한 대 피우고 나면 다음 수업 시간이 코앞인 경우가 많았지만 말이다.

그 후로 이 시간은 나로 하여금 종종 엉뚱한 상상의 나래를 펴게 한다. 그 상상이 주는 기상천외하고 신선한 느낌에 잠시 의식을 내맡기고 있을 때면 어디선가 수군거리는 소리가 들려오곤 한다. 그 수군거리는 소리를 따라 돌아서면 하늘이 내 앞에 가까이 내려와 있었다. 하늘은 처음부터 내 하는 양을 물끄러미 내려다보고 있었던 것이다. 내 마음에 따라 의미를 달리하던 하늘이 그 날은 새로운 의미를 가지고 뇌리에 새겨졌다.

나를 중심으로 보면 하늘은 이 세상에 존재하는 숱한 피사체 중 하나일 뿐이다. 하지만 하늘을 중심으로 보면 난 그의 눈에 비친 이 세상의 많은 피사체 중 하나일 뿐이었다. 이러한 생각에 미치자, 그 동안 하늘은 이 세상의 어떤 변화에도 흔들림 없이 제자리를 지켜왔음을 깨닫게 되었다. 사람들만이 자신이 놓인 처지에 따라 하늘을 원망하기도 하고 하늘을 동경하기도 했음을 깨달았다. 그래서일까? 하늘은 더 이상의 수군거림을 멈춘 채 꾸미지 않은 웃음으로 내 얼굴을 파랗게 채색하고 있었다.

아이들이 아직은 어리기 때문에 횟수가 잦은 것은 아니지만, 아내와 난 가끔 영화관에 간다. 아이들을 맡길 곳이 없으면 엄두를 내기 어려운 일이지만, 상영 시간 중 아이들을 맡아 관리해 주는 곳도 있어 요즘은 큰 부담 없이 영화를 즐길 수 있게 됐다. 일상의 끝에서 가끔씩 만나는 다른 사람의 삶이 어느 순간 나의 이야기로 환치되는 기분 좋은 느낌 속에 화면에 몰입해 있는 이 짧은 시간이 그래서 내겐 더 없이 소중한 시간이다.

그런데 이야기의 흐름을 따라 영화 속에 몰입하다 보면 난 가끔 이상한 상상을 하고 있는 자신을 발견하곤 한다. 내가 영화를 보고 있는 걸까, 아니면 스크린이라는 창을 통해 혹 저 인물들이 나를 들여다보고 있는 걸까? 혹 나를 보고 있다면 저 사람들에게 비친 나의 모습은 어떨까? 저 사람들은 나의 연기를 어떻게 평가할까? 이런저런 생각을 하는 사이 영화 속의 인물 하나가 갑자기 스크린 속에서 나를 향해 걸어 나온다. 이윽고 스크린은 사라지고 그 인물은 내 코앞에까지 와서 자기 얘기를 계속한다. 그런데 어느 순간 그의 이야기는 나에 대한 이야기로 바뀌어 있다. 자기가 본 내 삶에 대해 이것저것 평하고 있는 것이다.

이렇듯 내가 관객인지, 아니면 영화 속 인물인지 분간이 되지 않는 잠시의 몽롱한 혼돈 끝에 입장이 바뀌면 색다른 느낌이 신선하다. 또한 이런 경험은 종종 나 자신을 돌아보게 하는 계기가 되어주곤 한다. 물론 영화의 실제 내용과는 아무런 상관이 없는 엉뚱한 상상으로 그치는 때가 많지만, 가끔은 영화 속 이야기와 맥이 닿아 그 영화와 내 삶을 다시 한 번 생각해 보게 하는 때도 없지는 않다.

나를 제외한 모든 것을 나의 피사체로만 보면 그것들은 내 의식의 범주 내에서 일상적인 의미로만 다가올 뿐이다. 하지만 나를 무엇, 또는 누군가의 피사체 중 하나로 생각하면 그들과 나의 관계가 새로이 인식됨은 물론, 그 인식이 나를 새로운 의미의 세계로 인도한다.

나는 내 삶의 주체다. 동시에 무엇, 혹은 누군가의 피사체이다. 그럼에도 불구하고 우리는 종종 세상 모든 것이 나를 중심으로 돌아간다는 아집 속에 진정한 '나'를 잊은 채 살아온 것은 아닌지 되짚어볼 일이다.

강변 풀잎에 살며시 내려앉아 날개를 접고 햇살에 온몸을 맡긴 잠자리처럼, 오늘도 하던 일을 접고 창 밖에 시선을 던지노라니, 솜사탕 제조기 안에서 설탕이 실처럼 풀어져 막대에 달라붙듯 상상이 꼬리를 문다. 더러는 꼬리가 잘려 원점으로 되돌아오거나 무의미의 하늘로 던져져 버리기도 하지만, 대개는 평소의 내 의식 밖에 존재하던 어떤 공간으로 나를 데려다주기도 하고, 또 어느 순간엔 커피에 소금을 타 마시듯 엉뚱한 상상으로 옷을 갈아입기도 한다.

하지만 때론 이런 부질없는 상상도 머리를 치고 가슴을 두드리는 때가 있는 법이다. 잠깐의 달콤함만을 남긴 채 사르르 녹아버리는 솜사탕처럼 그 상상의 끝엔 허무함이 남는 경우가 많지만, 그 상상 자체가 주는 신선함은 그 허무쯤 충분히 상쇄하고도 남음이 있다.

나는 오늘도 누군가의 피사체(被寫體)가 됨을 허락한다. 그리고 그들이 들려주는 이야기에 귀를 기울이며 자칫 내 생각과 아집의 수렁 속에 빠짐을 경계한다.

달

술을 깰 요량으로 들르기 시작했던 것이 어느덧 습관이 되었나 보다. 동료들과 어울려 술 한 잔 하고 돌아오는 날이면 난 으레 이곳을 들르곤 한다. 그곳은 집 앞의 놀이터다. 술에 약한 탓에 술자리가 잦은 것은 아니지만, 술을 마신 날은 취한 발걸음이 자연스레 이곳으로 향하곤 한다. 그리고 잠시 앉아 쉬다 보면 취한 몸이 어느 정도는 회복되곤 한다.

물론 술을 마시지 않은 날도 가끔은 들르는 때가 있다. 그 날은 주로 퇴근이 늦은 날이다. 피로에 지친 발걸음을 간신히 데리고 이곳에 들어서면, 벤치가 언제나 나를 받아줄 채비를 하고 기다리고 있다. 무너지듯 몸을 부리고, 낮 동안 신나게 뛰어놀던 아이들의 흔적을 더듬다 보면 하루의 피로로 흥분돼 있던 마음이 어느 새 가라앉곤 한다.

그러나 내가 이곳에 들르는 더 중요한 이유는 다른 데 있다. 그것은 재미없는 나의 이야기도 늘 귀를 열어 들어주는 이를 만날 수 있기 때문이다. 벤치에 몸을 누이고 하늘을 우러르면, 그는 아파트 옥상에 앉아 나를 향해 은은한 눈빛을 보내곤 한다. 초대받지 않은 자리에 불쑥 찾아와서도 아무런 거리낌 없이 행동하는 것이 처음엔 약간 불쾌하기도 했다. 그러나 어느 순간 가식(假飾) 없고 거추장스런 격식을 걷어버린 그의 행동에 오히려 매력을 느끼게 됐다.

더러는 구름에 가려 그 모습을 찾을 수 없는 날도 있고, 서로의 시간이 맞지 않는 적도 있어 늘 만날 수 있는 것은 아니지만, 그렇다고 미리 약속을 한 적도 없으니 서운하게 생각할 이유는 조금도 없다. 그래서 눈에 보이지 않는 날도 우리의 대화는 끊어진 적이 없다. 빈 하늘 공간을 더듬는 것이 다소간 불편하긴 해도, 이것만으로도 내 지친 몸과 마음은 충분히 위로받을 수 있다. 또한 그 만남의 순간순간 나눈 무언(無言)의 대화를 통해 난 소중한 삶의 진실을 깨닫는다.

그는 늘 변화하는 모습으로 나를 찾아온다. 마치 주변 상황에 따라 몸 색깔을 달리하는 카멜레온처럼 말이다. 하지만 그는 카멜레온처럼 그 스스로 모습을 달리하는 것은 아니다. 자신을 포함한 다른 이들과의 상대적인 위치에 따라 그렇게 보이는 것이다. 물론 이것은 과학적인 사실이다. 하지만 그와의 만남이 반복되던 어느 날부터 이러한 사실은 그 이상의 의미의 옷으로 갈아입어 지금도 내 안에 살아 꿈틀거리고 있다.

아, 그 진정한 소유(所有)의 메시지! 삶의 순간순간 소유의 그물에 걸려 빠져나갈 곳을 못 찾고 허둥댈 때면 그는 나의 이런 가슴에 종종 큰 울림을 만들곤 한다. 그는 바로 달이다. 늘 변화된 모습을 보여주는 탓에 그는 초승달, 상현달, 보름달, 하현달, 그믐달 등 다양한 별명을 가지고 오늘도 내 삶 곳곳을 비춰주는 거울이다.

그가 태양과 지구 사이에 있을 때는 햇빛을 받은 부분만 빛이 나고 지구에서 보이는 부분은 어둠에 잠긴다. 그 때는 음력으로 대략 3일쯤 되는데, 태양이 지면 서편하늘에 잠시 보이다가 모습을 감춘다. 그 후 음력 7·8일쯤 되면 그는 자기 몸의 반쪽을 보여주게 되는데, 정오쯤 찾아왔다가 자정 무렵이면 별들에게 자리를 내주고 떠난다. 또 음력으로 대략 15일쯤 되면 그와 태양이 지구를 사이에 두고 서로 반대쪽에 위치하게 되어 그의 몸 전체가 햇빛을 받게 되는데, 이때에야 그는 비로소 온전히 모습을 드러낸다. 음력 22일에서 23일쯤 되면 그는 전체의 반 정도만 모습을 드러냈다가 사라지는데, 자정에서 이튿날 정오까지만 만날 수 있다. 그러다가 음력 26일에서 27일쯤 되면 해가 뜨기 직전의 동쪽 하늘에 먼저 모습을 나타낸다.

내겐 어느 것 하나 소중하지 않은 것이 없다. 그만큼 나는 그를 좋아한다. 특히, 보름달은 너그럽지 못하고 까슬까슬하기만 한 나의 성정을 다스리는 힘을 지녀서, 후덕하고 온화한 얼굴을 대하고 있노라면 성게의 가시처럼 돋은 못된 성정(性情)의 빳빳하기만 한 고개가 어느덧 접히는 것이다.

그런데 내가 그를 좋아하는 데는 또 다른 이유가 있다. 그것은 채울 줄 아는 동시에 비울 줄도 아는 군자의 모습을 지녔기 때문이다. 정도의 차이는 있지만, 사람이라면 누구에게나 욕심이 있고, 말타면 경마 잡히고 싶다는 말처럼 이것은 끝이 없는 것이다. 그럼에도 불구하고 그는 터지기 전에 채우기를 멈추고, 때가 되면 미련 없이 비울 줄을 안다. 이것저것 닥치는 대로 채우지 않아 그의 모습엔 군더더기가 없다. 그래서 그 충만을 대하면 난 보는 것만으로도 행복을 느낀다. 또한 남김없이 비우는 모습은 마치 서릿발 같다. 목숨을 버려서라도 원칙만은 지키겠다는 선비의 강직한 눈매가 여기에 있다.

태어날 때 우리는 모두 삶이라는 그릇 하나를 부여받는다. 그리고 이 그릇에 무엇인가를 끊임없이 채워간다. 더러는 버려지는 것도 있지만, 대부분의 경우 하나라도 더 채우며 살아간다. 그러다 보면 있는지도 모른 채 살고 있는 경우가 많고, 가지고 있어야 할지 버려야 할지 모르는 것도 많다. 필요에 의해서 내 것을 만들긴 했지만, 소용대로 쓰지 못하고 방치해 둔 것도 많아 채워야 할 때 정작 채우지 못하는 때도 많다.

나는 그와의 만남을 통해 나의 소유 관념을 돌아봄은 물론, 삶에 있어서의 소유의 참의미를 되새겨보곤 한다. 남 줄 수는 없어 창고에 쌓아 두고 썩혀 버리거나, 배탈을 무릅쓰고 먹는 어리석음을 범하고 있는 것은 아닌지, 그릇의 크기는 생각지도 않은 채 그저 많이만 담으려고 하고, 너무 많이 담아 그릇이 깨지고 나면 때늦은 후회로 가슴이 무너질 우매(愚昧)한 영혼을 가지고 있지는 않은지 생각해 보는 것이다. 온전히 채우고자 한다면 철저히 버려야 한다는 이 역설(逆說)의 미학을 다시 한 번 되새겨보는 이유가 여기에 있다.

새벽 운동을 위해 아파트 밖으로 나섰을 때, 자기 그릇을 거의 비워가고 있는 달이 싸늘한 새벽 기운보다 먼저 나를 맞이했다. 그만해도 될 것 같은데, 그는 여전히 자기 그릇을 비워내고 있었다. 나는 오늘 그의 얼굴에서 군더더기 하나 없는 보름달을 보았다. 역시 극(極)과 극은 다시는 만날 수 없는 수평선이 아니요, 통하는 것이었다.

목련이 나에게

I

또 그 학부모였다. 이것저것 하루 업무 준비를 하고 있을 때, 그는 이미 교무실 문에 들어서 정중히 고개를 숙이고 있었다. 나는 여느 때처럼 익숙한 몸짓으로 그의 앞에 의자를 밀어놓았고, 그와 동시에 그는 한숨과 함께 몸을 부렸다. 한두 번 만난 것이 아닌지라, 그의 일거수일투족은 마치 늘 반복되는 일상처럼 낯설음을 벗었다. 내 눈에 비친 그의 모습이 이럴진대, 그의 눈에 비친 나의 모습도 크게 다르지는 않으리라.

그는 전과 크게 달라진 것 없는 얘기를 두서도 없이 또 다시 주워섬기기 시작했다. 그리고 난 다시 그 이야기에 귀를 열어 두었다. 당장 할 수 있는 일은 이것뿐이었기에 그도, 나도 이럴 수밖에 없음을 공감하고 있었다.

학기 초부터 학교생활 부적응 상태에 있는 아이, 끝이 없는 일탈 행동들, 지금까지 살아온 나의 상식을 일순간에 뒤집어 놓은 일련의 사건들 앞에 난 휘청거렸다. 더듬이를 잃은 마디발동물처럼 방향을 잃은 채 무의미하게 흘려온 시간들이 다시 이어지려고 한다는 생각에 미치자, 맥이 풀렸다. 저항할 힘을 부여받지 못한 채 허공에 내쳐진 비눗방울처럼 특별한 의미를 남기지 못한 채 오늘의 대화도 결국 수업 시작 시간에 몰렸다. 결론 없는 대화라도 나눠야 하는 것이 서로의 의무라면 그것에나 충실했다고 할까? 학부모도, 그를 만나는 나도 그렇게 만나, 또 그렇게 헤어져 각자의 삶의 공간으로 돌아가야 했다. 상대방의 가슴에 담기지 못한 채 허공을 부질없이 떠도는 말의 조각들을 애써 외면하며 돌아섰을 때, 눈에 보이지 않는 마음 속 미로만 마치 실핏줄처럼 복잡한 가지를 치고 있다는 느낌에 기분이 상했다.

마음이 채 정리되지 않아서일까, 수업 진행이 매끄럽지 못했다. 부드럽게 끼어진 손가락 깍지처럼 나와 아이들이 맞물려 돌아가야 하는 것이 수업이지만, 오늘은 수업을 하는 사람도, 받는 사람도 초대받지 않은 손님들처럼 어색하게 자리를 채우고 있는 것 같은 부조화였다. 짜증이 밀려왔다. 하지만 애써 누르며 근근이 두 시간의 수업을 마칠 수 있었음이 다행스러웠다.

II

스스로도 느껴질 만큼 심하게 일그러진 얼굴로 밖으로 나섰을 때, 해바라기라도 하듯 하늘을 향해 가슴을 벌린 채 교정에 누워 있던 잔디가 방문자에게 예라도 갖추듯 천천히 몸을 일으켰다. 그리고는 마치 만화 영화 속 신밧드의 융단처럼 가볍게 날아와 내 몸을 받쳤다. 난 그 위에 지친 몸을 부렸다. 봄이 늦은 교정의 햇살이 제법 따스하게 머릿속을 파고들었다.

그 싫지 않은 느낌에 모든 것을 내맡긴 채 한참을 멍하니 앉아 있을 때, 어디선가 나를 지켜보는 눈이 있음이 감지됐다. 천천히 고개를 들었을 때, 어느덧 수줍은 꽃망울을 떨어내고 짙은 녹음으로 치장하기 시작한 목련이 목을 길게 뺀 채 내 얼굴 옆에까지 다가와 있었다. 그리고는 어루만지듯 내 얼굴을 찬찬히 들여다보았다.

"뭐가 그리 심각해?"

목련은 파란 미소와 함께 내게 이렇게 말했다.

"아이 하나가 학교생활에 적응을 못하고 있어. 그래서 이것저것 말썽이 많이 생기네."

"해결할 방법은 있어?"

"아니."

"그럴 땐 흘러가는 대로 맡겨 두는 거야. 포기했다 생각하고 말이야. 괜한 조바심이 오히려 문제를 더 나빠지게 할 수도 있으니까 말이야. 일이란 이루어지는 데 필요한 시간이 있는 거야. 특히 사람의 일이란 더 그렇지. 충분한 시간 동안 발효 숙성되지 않은 장이 장맛을 제대로 낼 수 없듯 결과를 앞당기려는 섣부른 조바심이 오히려 일을 그르칠 수도 있는 거야. 같은 일도 모든 사람이 똑같이 하는 건 아니잖아. 그 일을 하는 방법도 다르고, 그 일을 하는 데 들이는 시간도 차이가 있을 수 있잖아. 세상일이란 게 네가 마음먹은 대로만 된다면 얼마나 좋겠어. 그 아이한텐 다른 아이보다 더 많은 시간이 필요할 뿐이라고 생각해."

"……."

"난 너처럼 움직일 수 없지만, 그래서 어디도 갈 수 없고 바람을 통해서 다른 곳의 소식을 전해 들어야 할 운명이지만, 그 부족함에 대해 불평하지 않아. 봄이 좀 늦으면 어때? 기다리면 오는 걸 조바심할 필요가 뭐가 있어? 당장은 뿌리가 시려도 그 뿌리를 박고 있을 수 있음에 감사하며 기다리다가, 때가 되면 열심히 싹을 틔우고 꽃을 피우고 열매를 맺을 뿐이지. 그런데 너는 마음만 먹으면 무엇이든 할 수 있는데도 나보다 불만도 많고, 그래서 삶이 늘 괴로워 보여. 그건 집착과 욕심이 많아서 그래. 왜 그렇게 조바심하지?"

"……."

말없이 그의 말에 귀를 기울이는 사이 가슴 속에 어지럽게 부유하던 부질없는 생각의 찌꺼기들이 서서히 녹아내리고 있었다. 마치 훈풍에 녹아내리는 지붕 위의 눈처럼 말이다. 조금은 홀가분해진 마음으로 일어섰을 때, 교사 모퉁이를 돌아온 바람이 목련의 얼굴을 향해 달려들었다. 잠시 눈을 감았던 목련은 다시금 파란 웃음을 지으며 내게 눈짓을 보냈다. 마법에라도 걸린 듯 그 눈짓에 시선을 고정한 채 넋을 놓고 있을 때, 목련이 갑자기 몸을 불리기 시작했다. 마치 뿌리째 뽑힐 듯 목련은 하늘을 향해 거대한 기지개를 켜기 시작했다. 교사 앞 뜰에 자리잡은 향나무도, 갓 꽃망울을 터뜨리기 시작한 키 작은 진달래도 곧 그 뒤를 따랐고, 나를 받치고 있던 융단도 나를 실어 하늘로 날아올랐다.

Ⅲ

'그래. 그 아이는 보통의 아이들과 다른 방식으로 살 뿐이야. 삶이라는 게 똑같은 건 아니잖아? 또 그럴 필요도 없잖아? 아니 삶은 달라야지. 모두 같은 건 재미없어. 그 아이는 지금 보통의 아이들보다 더 많이, 더 오래 아파할 뿐이야. 하지만 아무리 진한 아픔도 시간이 지나면 상처가 아물고 새 살이 돋던 걸.'

3교시를 시작하는 종이 울린다. 그 리듬이 경쾌하게 계단을 뛰어 내려와 내 귓전에 부서진다. 동시에 하늘을 향해 지상을 떠났던 목련도, 향나무도, 키 작은 진달래도 다시금 교정의 제자리로 돌아간다. 따사로운 햇살이 그들 머리 위에도, 그리고 나의 머리 위에도 부서지고 있었다. 하늘을 향해 양팔을 벌린 채 잔디밭은 다시 벌렁 누워버렸다. 쿡, 웃음이 났다. 이유는 모른다. 그냥 웃고만 싶었다.

나의 독자에게 Ⅳ

Ⅰ

형. 참으로 오랜만이군요. 오랜 시간 다른 갈래를 흘러온 세월의 강이 조금은 서먹하게 만나 흐르고 있습니다. 하지만 고뇌의 시간, 막걸리 한 잔으로 지친 등을 쓸어주던, 내 기억 속 당신의 눈빛만큼은 여전히 따스합니다.

예년에 비해 포근하긴 하지만, 그래도 겨울은 겨울인지라 이곳은 가끔씩 한파가 몰아칩니다. 그 한파 앞에 서면, 내 기억은 당신과 함께 했던 그 시절로 달려가곤 합니다. 주머니 탈탈 털어 산, 안주 없는 막걸리 한 잔에 벌게진 얼굴로 노래 부르며 눈보라에 맞서 아스팔트 위를 달리던 그 때, 형도 기억하십니까?

서로 다른 하늘을 이고 살아야 하는 현실이 서글프지만, 이제 우리 이렇게 만나 이야기합니다. 이야기하는 동안만이라도 나의 하늘 밑에 함께 머물러줄 수 있겠죠?

형. 그 동안 난 수필가라는 부담스러운 이름 아래 많은 이야기를 해 왔습니다. 그러면서도 '그것'은 선불리 꺼내지 못했던 이야기 중 하나입니다. 왜 그랬는지 그 이유는 나도 알 수 없습니다. 이야기를 하기 위해 노트북 앞에 앉으면 '그것'은 단 한 번도 입을 열지 않은 채, 내게도 입을 닫을 것을 요구했습니다. 그래서 허탈한 마음으로 그저 낙서처럼 무의미하게 자판만 두드렸죠. 하지만 노트북은 굳은 표정으로 다문 입을 끝내 열지 않았습니다. 그럴 때면 그저 마음만 저미듯 아팠습니다. 하지만 그 약속했던 시간을 다해 이제 '그것'은 당신과 함께 내 앞에 와 있습니다.

형. 왜 이리 가슴이 떨릴까요? 그러고 보니 오래 전 당신을 처음 만났을 때도 그랬었다는 기억이 새롭습니다.

II

형. 문득 주변을 둘러보면, 이 세상엔 참으로 많은 것들이 존재한다는 생각이 듭니다. 그 중엔 눈에 보이고 귀에 들리는 것들처럼 감각기관으로 확인할 수 있는 것들도 많습니다. 하지만 가만히 생각해 보면, 감각되지 않아도 존재하지 않는다고는 말할 수 없는 것들도 많다는 느낌이 종종 듭니다. 어쩌면 감각되는 모든 것들은 거대한 몸뚱이를 물속에 숨기고 있는 빙산의 일각은 아닐는지요.

이 세상에 존재하는 유형무형(有形無形)의 모든 것들은 그 나름의 존재 가치를 내재하고 있겠죠. 어쩌면 그 존재 가치는 이 세상에 존재하기 시작한 그 순간부터, 아니 누군가에 의해 창조되기 이전부터 가졌을지도 모르는 일입니다. 다만 인간의 인식의 굴레 안에 들어오게 된 데는 창조주의 선택이 작용했을 뿐이겠죠.

우리 주변에 존재하는 많은 것들 중엔 물론 반드시 있어야 할 것들이 많습니다. 그러나 반대로 조금만 더 깊이 생각을 천착(穿鑿)해 들어가면 없어야 할 것도 참 많다는 생각에 미치게 될 때가 있고, 없음보다는 있음이, 있음보다는 없음이 좋게 느껴지는 것도 있으며, 심지어는 있으나 없으나 상관없는 것도, 있을 필요가 없는 것도 적지 않다는 생각이 듭니다. 물론 보는 사람이 그 대상에 주관적으로 부여하는 존재 가치에 따라 달라지는 것이기는 하겠지만 말입니다.

그런데 형. 없어야 하지만 있어야 하고, 있어야 하지만 없어야 하는 것이 있다면 어떻게 생각하십니까? 혹, 무슨 뚱딴지같은 소리냐고 질책하는 사람이 있을지 모르겠군요. 심지어 이런 이야기를 꺼내고 있는 나를 이상하게 생각하는 사람이 있을지도 모르겠습니다. 왜냐하면 있으면 있고 없으면 없는 것이지, 있고 없음이 동시에 존재한다는 것은 어불성설(語不成說)일 테니까요. 하지만 이것은 전혀 거짓 없는 사실입니다. 당신은 아시겠죠? '그것'은 분명 없어야 하는 것입니다. 하지만 있어야 하는 것도 사실입니다. 또 '그것'은 분명 있어야 하는 것입니다. 하지만 없어야 하는 것도 사실입니다.

III

형. 세상 물정 모르고 대학 입시 준비에만 파묻혀, 그것이 마치 인생의 전부인 양 살았던 시간의 언덕을 넘어 대학이라는 새로운 세상을 향해 첫발을 뗐을 때, '그것'이 나를 기다리고 있었습니다. 그리고 만남의 시간이 길어질수록 '그것'은 성장기의 내게 철없는 불평과 불만들이 많았음을, 또 그것들이 얼마나 배부른 소리였는지를 깨닫게 했습니다.

가정의 경제적인 형편이 어려워 대학에 진학하는 일은 당시 나에겐 녹록치 않은 일이었습니다. 하지만 힘든 길인 줄 알면서도 그 어려운 삶을 선택해 주신 부모님이 내겐 계셨고, 그래서 대학까지 다닐 수 있는 '여유'와 행복이 있었다는 생각에 미쳤을 때, 부질없는 불평과 불만으로 허송했던 시간들이 몹시도 부끄러웠습니다. '그것'이 아니었다면 나는 아마도 부질없는 불평과 불만 속에 삶의 그늘 속을 헤매며 찬란한 삶의 태양을 향해 나설 용기를 잃었을지도 모를 일입니다.

형. 사람의 삶은 자아를 찾아가는 과정이라고 말합니다. 물론 그것이 온전한 '나'의 자아는 아니요, 그것의 작은 조각에 지나지 않는 것일지라도, '그것'은 내게 그 조각이나마 찾을 수 있게 해 주었고, 부질없이 미궁을 헤매며 시간을 허비하지 않도록 해 주었습니다. 또한 '그것'은 삶의 순간순간 '나는 누구이며, 지금 무엇을 해야 하는가'를 고민했던 20대 초반 내 생각을 한층 여물게 했습니다. 그리고 '그것'과의 만남은 20여 년이 흐른 지금까지도 내 삶을 지탱

하는 소중한 자양분으로 내 안에 살아 있습니다.

IV

형. 대학 입학부터 졸업할 때까지 난 야간학교의 교사였습니다. 낮에는 학생으로서 학교에서 공부하고, 학교에서의 일과를 마치고 난 후에는 교사로서 학생들을 가르쳤죠. 2학년을 마치고 군에 입대했지만, 제대한 이후에도 나는 이 야간학교에 몸을 담았습니다.

이 야간학교에는 이유야 어떻든 교육 기회를 잃은 사람들이 못다 한 공부를 위해 찾아왔습니다. 이들은 대부분 낮에는 직장 생활을 했고, 퇴근하면 야간학교에 나와 부족한 공부를 했죠. 그리고 검정고시를 통해 학력을 인정받았습니다. 밤낮으로 서로 다른 일을 해야 한다는 점만이 생면부지(生面不知)의 나와 학생들 사이의 공통점이었지만, 이것은 그 어떤 공통점보다 큰 결속력을 가진 공감대로 작용했습니다.

형. 하루를 산 태양이 미련처럼 놀을 드리운 채 다시 서산을 넘어갑니다. 대부분의 아이들이 집으로 돌아가거나 학원 수강이나 과외를 하러 갈 시간에 직장 생활에 지친 몸을 추스르며 가방을 메고 들어서던 야간학교 아이들의 모습이 눈에 아른거립니다. 아이들이라고 했지만 실상은 아이라고 말할 수 없는 사람들이 거기엔 많았습니다. 제때에 교육을 받지 못한 사람들이니, 중학교 과정이든 고등학교 과정이든 제 나이에 맞춘 사람이 드물 수밖에 없었던 것이죠.

하지만 그들은 제도권 교육을 받는 학생들에 비해 결속력이 강했습니다. 왜냐하면 이유는 각각 달라도 제도권 교육에서 소외돼 정상적인 교육을 받지 못했다는 사실과 끊어진 꿈의 끈을 다시금 잇고자 한다는 점이 공감대를 이루고 있었기 때문일 것입니다. 비슷한 상처를 가진 사람들끼리 서로의 상처를 보듬는 동병상련(同病相憐)의 마음이라고나 할까요.

형. 사회의 구조적인 문제 때문이든, 가정의 결손이나 성장 과정의 철없는 일탈 행동 등 학생들의 개별적인 상황 때문이든 교육 기회를 잃었거나 제공받지 못한 사람들이 존재하는 한 야간학교는 존재해야 합니다. 왜냐하면 그것은 잃어버린 꿈의 끝자락을 다시금 잡고자 하는 사람들을 위한 최소한의 공간이기 때문입니다.

하지만 그럼에도 불구하고 분명한 것은 이 야간학교가 없어져야 한다는 것입니다. 왜냐하면, 야간학교가 존재한다는 것은 교육 기회를 잃었거나 제공받지 못한 슬픈 상처를 간직한 채 살아가는 사람들이 존재한다는 것이고, 같은 울타리 안에서 살아가는 사람들에게 공평한 혜택을 주지 못하는 사회는 어떤 형태이든 문제를 내재하고 있는 것이기 때문입니다. 바꿔 말해 야간학교가 없는 사회는 교육 기회를 잃었거나 제공받지 못한 아이들이 없는 사회라는 것을 의미하는 것이며, 나아가 그런 아이들을 양산하는 구조적인 문제가 없는 사회일 것이기 때문입니다.

V

오늘도 야간학교는 불을 밝히고 있습니다. 아직도 이곳을 필요로

하는 사람들이 있는가 봅니다. 그러니 지금도 야간학교는 있어야 할 것 같습니다. 하지만 이 야간학교가 없어져야 한다는 생각에는 변함이 없으며, 이것이 나의 사랑이라 말하고 싶습니다. 설령 이 사랑이 가슴 아픈 짝사랑으로 끝나는 한이 있더라도 달라지는 것은 아무 것도 없습니다.

형. 나의 사랑이 이루어지는 날은 언제일까요? 아마도 그 날은 가장 행복한 날일 겁니다. 하지만 가장 슬픈 날이기도 하겠죠. 그래도 행복을 위한 슬픔이라면 그 슬픔까지 사랑하겠습니다. 행복이 곧 슬픔인 이 역설(逆說)! 그래도 형만은 이해하겠죠?

우리의 이야기에 귀를 맡기고 있던 별들이 까딱까딱 졸고 있습니다. 이제 당신도 당신의 하늘로 떠나야 할 시간인가 봅니다. 하지만 청하면 언제라도 달려와 줄 것을 믿기에 이젠 더 이상 슬퍼하지 않겠습니다.

"긴 밤 지새우고 풀잎마다 맺힌 진주보다 더 고운 아침이슬처럼……"

"사노라면 언젠가는 좋은 날도 오겠지. 흐린 날도 날이 새면……"

형. 저만치 멀어지는 당신의 뒷모습을 눈길로 좇고 있을 때, 그리운 노래 한 소절 한 소절이 귓전에 살아납니다. 마주치는 눈보라를 향해 목 놓아 부르던 그 노래를 읊조리는 사이 가슴은 이미 흠뻑 젖어 버렸습니다.

나의 독자에게 V

아이야, 밤이 깊었단다. 달빛이 별빛에게 자리를 내주고 떠난 걸까, 아니면 달빛이 게으름을 피우고 있는 걸까, 오늘 베란다에서 올려다본 하늘엔 다른 날보다 별빛이 많더구나. 지금 너도 하늘을 보고 있을까? 아니면 다른 날처럼 야간자습 마친 지친 몸으로 딱딱한 독서실 의자에 앉아 까딱까딱 졸고 있을까? 햇빛을 본 지도 오래돼 핏기 없이 해쓱한 얼굴이 안쓰럽지만, 그렇다고 내가 해 줄 수 있는 일이란 아무 것도 없음이 안타깝구나. 몸도 마음도 불편한 자리를 미래를 위해 감내(堪耐)하고 있는 너의 뒷모습을 지켜줄 수 있음을 그저 다행으로 여겨야 하는 걸까?

아이야. 넌 유난히 밤을 싫어하던 아이였지. 그래서 네가 쓰는 글 속에선 밤을 찾아볼 수 없었단다. 특히, 동아리 활동이 늦어지는 날은 그 사실을 안 순간부터 줄곧 불안한 얼굴로 안절부절못했었지. 마치 연극 무대에 처음 선 초보 연기자처럼, 시선을 어디에 두어야 할지, 손을 어찌 해야 할지 난감한 모습으로 옆에 있는 아이들조차 불안하게 하곤 했단다. 주차장에 아빠의 승용차가 들어오는 기척을 느낀 다음에라야 넌 조금씩 안정을 찾곤 했단다. 안절부절못하던 네 모습을 보며 나 스스로도 조바심이 나곤 하던 기억이 새롭구나.

그런데 아이들 시화전 준비로 늦은 시간의 교무실을 지키고 있던 어느 날 넌 학교를 찾았단다. 의자에 지친 몸을 부린 채 달래고 있을 때, 휴대폰 벨이 텅 빈 교무실을 울렸지. 야간자습을 마치고 나오다가 생각이 났다고, 학교에 들르겠다는 일방적인 통보로 넌 전화를 끊었단다. 학교를 졸업한 후 전혀 소식이 없던 너의 난데없는 늦은 방문에 난 당황스런 마음 그대로 너를 맞았단다.

그런데 의자를 권하자 조용히 내 앞에 앉는 너의 얼굴엔 온 곳을 알 수 없는 그림자 하나가 따라와 있더구나. 선불리 넘겨짚기도 어려운 일이어서 묻고 싶은 욕구를 억제하며 난 눈빛만으로 그 그림자의 정체를 더듬을 수밖에 없었단다. 넌 그렇게 내 마음의 우물에 큼지막한 돌 하나를 던져 놓고 모르는 척이라도 하듯 한 동안 말없이 앉아 있기만 했단다.

아이야. 혹 그 날 네가 내게 했던 말을 기억하고 있니? 그 때 넌 낮보다 밤이 좋아졌다고 했었단다. 네가 중학교를 졸업할 때까지만 해도 전혀 상상할 수 없었던 일이 눈앞에서 벌어져 한편으론 놀라기도 했고, 이제 밤에 대한 두려움을 이겨냈구나 하는 생각에 반갑기도 했지만, 그 때까지도 네 얼굴에 여전히 자리하고 있던 그림자가 이런 느낌에만 마음을 내맡기고 있게 하지는 않았단다.

이런 내 마음을 알아차렸던 것일까? 아이야, 넌 내게 또 이렇게 말했단다. 낮은 빛으로 세상을 갈라놓고, 추한 세상의 모습마저 여과 없이 드러내지만, 밤은 드러내기 부끄러운 모습을 그 넓은 가슴에 감춰 주고, 온 세상을 차별 없이 품어 주는 것 같다고. 매정하고, 소름 돋을 만큼 적나라하고 잔인한 낮을 향해 나설 수 있는 것은 상처받은 마음을 부드럽게 어루만져 주는 밤이 있기 때문이라고. 세상이라는 것이 드러낼 필요가 있다면 감출 필요도 있는 것임을, 드러냄보다 때로는 감춤이 더 아름다울 수 있는 것임을 깨달았던 것일까? 그 깨달음의 순간까지 네가 건넜을 험난한 성장의 강을 생각하니, 슬며시 눈시울이 뜨거워졌단다. 바라보는 것조차 두려웠을 처음부터, 한없이 물속으로 빨려 들어가는 순간들을 무수히 넘기고 드디어 헤엄치는 방법을 터득했겠지. 그리고 지쳐 늘어지는 몸을 스스로 일으켜 세우며 강물을 헤엄쳐 거기까지 건너왔겠지.

잠시 후 넌 자리에서 일어서 창가로 걸어갔단다. 그리고는 귀여운 별의 얼굴을 어루만지기라도 하듯, 아니 인공적인 불빛 화살을 피해 어딘가에 숨어 있을 도시의 별이라도 찾는 듯 한참동안 그 하늘에 눈을 박고 있었단다. 그 눈빛엔 정말 밤을 좋아하는 너의 마음이 녹아 있는 것 같았단다. 하지만 아이야, 그 마음의 끝에 똬리를 틀고 일어서던 서글픔의 정체는 뭘까? 해쓱한 얼굴에 억지로 미소를 만들며 돌아서던 네 뒷모습을 시야에서 지우고 나 홀로 별빛을 올려다보았을 때 느껴지던 쓸쓸함은 어디에서 온 것일까?

아이야. 힘없는 발걸음으로 버스에 올라 몸을 부리면 앉아 있어야 할 최소한의 힘마저 녹아내려 땅 밑으로 한없이 추락하는 느낌에 놀라 깨어나기를 넌 오늘도 반복했겠지. 그 힘겨운 하루하루 속에서 너의 미래는 네게 무엇이라 말해 줄까? 간밤의 찌꺼기를 채 털어내기도 전에 넌 또 어제와 같은 아침을 시작했겠지. 동이 채 트기도 전에 습관처럼 아침을 거른 채 집을 나서 딱딱한 의자에 앉아 하루의 대부분의 시간을 보내다가 돌아왔겠지. 이젠 아침을 챙겨 먹는 일이 낯설다고 했던가? 그만큼 너의 아침은 어제를 채 걷어내기도 전에 꿈결처럼 새로운 시간을 얹어야 하는 야속한 시간이 되었겠구나.

아이야. 잠이 부족해 핏기 없는 얼굴로 졸다가, 품었던 많은 의미들에도 불구하고 부질없이 지워지는 칠판 위의 글씨들처럼 하루를 하얗게 지우고, 오늘도 너는 버스를 내려 터벅터벅 골목길에 들어섰겠구나. 오늘도 그 골목길 가로등 밑에 너의 그림자가 길게 드리워지고 있겠지. 마치 거북의 등딱지처럼 무거운 너의 가방이 너를 짓눌러 더 이상 일으켜 세우지 않을지도 모른다는 생각에 미치자, 내 가슴은 오늘도 또 미어지고 만다. 하지만 너는 용케도 일어서겠지? 그리고 무심히, 밤의 대지에 내리는 별빛을 한 번 올려다보고는 한 발 한 발 집을 향해 걸음을 떼어놓겠지. 가고 싶지 않아도 가야만 하는 천형(天刑) 같은 시간처럼 말이다.

아이야. 글맥을 잡느라 씨름하며 책상을 지키고 앉아 있던 어느 날, 느닷없는 핸드폰 벨소리에 놀라 전화를 받았단다. 누가 한밤중에 전화를 했나 생각하며 받은 전화 속에서 넌 마치 끝나지 않을 울음인 듯 오랜 시간 울기만 했단다. 오죽하면 이 늦은 시간에 전화를 했을까 싶은 마음에 난 귀를 열어 둔 채 네가 실컷 울도록 내버려 두었단다. 더 이상은 힘들지 않기를, 울음을 그치고 나면 더 이상은 눈물 흘리지 않게 되기를 바라면서 말이다.

어느덧 끝날 것 같지 않았던 울음이 잦아들고, 쓸쓸한 음성으로 넌 내게 말했단다. 내일은 오늘과는 다르리라 믿으며 하루하루를 보냈다고, 그런 삶에 숱하게 속은 끝에 이젠 그런 기대조차 부질없고 어리석은 것이 됐다고 말이다. 세상에 대한 믿음을 잃어버린 네게 해 줄 말을 찾느라 내 머리 속은 복잡해졌고, 간신히 떠올린 말조차 무의미하게만 느껴지던 공허함 속에 난 그저 입을 다물고 있을 수밖에 없었단다. 네게 아무 것도 해 줄 수 없었음을 질책하는 마음 한 편에, 어쩌면 이것이 너를 향해 내가 할 수 있는 가장 의미 있는 행위였다는 우격다짐 식 자위를 하는 사이 더디게 일주일이 흘러갔단다.

그리고 넌 내게 다시 전화를 했단다. 전과는 달리 생기 있어 보이는 목소리에 우선은 안심하면서도 혹, 무슨 일이 있는 건 아닌가 하는 불안한 느낌만은 지울 수가 없었지. 하지만 그 날의 대화는 특별한 메시지 없는 일상적인 것들이었고, 뭔가 뒤끝이 개운치 않은 상태로 전화를 끊었단다. 그런데 그 날 이후 있었던 몇 번의 통화에도 달라진 것은 없었단다. 그래서 난 오랜 시간 울음을 그치지 못하던 그날과 관련한 어떤 이야기를 하지 않는 편을 선택하기로 했단다. 불편한 기억을 들춰 다시금 마음을 불편하게 할 필요는 없는 일 아니겠니?

아이야. 이제 얼마 안 있으면 수능 시험 100일을 남겨두는구나. 세상일이란 반드시 좋은 결과만이 예정된 것은 아니지만, 좋은 결과에 대한 기대가 없다면 현실의 삶 또한 탄성이 무뎌진 용수철처럼 탄력을 잃는 법이겠지? 잠시 책에서 눈을 떼고 호흡을 가다듬어 주변을 한 번 둘러보렴. 너의 마음과는 달리 달라진 것은 아무 것도 없을 게다. 아무 것도 달라진 게 없는데, 자기 마음대로 재단(裁斷)한 결과를 가지고 지나치게 슬퍼하거나 아파하고 괴로워한 것은 아닌지 돌아볼 일이다. 그리고 괴롭고 아픈 순간순간을 견디며 열정을 다한 지난 시간들이 결코 너를 저버리지는 않을 것임을 믿으렴. 어쩌면 세상이 너를 저버렸다는 너의 생각은, 당장의 아픔 때문에 세상을 향해 열린 문을 너 스스로 닫아버린 결과는 아닌지 생각해 볼 일이다.

세상은 사람의 생각만큼 사악(邪惡)하지 않단다. 오히려 사람의 병든 마음이 눈을 가려 마치 세상이 그런 것처럼 느끼게 하는 경우도 많단다. 내가 쓰고 있는 안경을 탓해야 할 때 무작정 세상을 탓해서는 안 되겠지? 많이도 무뎌진, 세상을 향한 네 믿음의 탄성이 네 깨끗한 마음으로 인해 다시금 회복될 수 있기를, 그리고 교정의 하얀 목련처럼 화사한 웃음으로 만날 수 있는 날을 기대한다.

아이야. 저 멀리 유성 하나가 생(生)의 가장 찬란한 빛을 뿜으며 지상으로 떨어져 내리고 있구나. 너도 보고 있을까? 보고 있다면 소망을 빌었을까? 소망을 빌었다면 어떤 소망을 빌었을까? 아! 이 순간 이토록 간절해지는 마음을 어찌할까?

유등천 징검다리

유등천에 징검다리가 생겼다. 인공의 파도 속에서 오랜 시간을 헤맸기 때문일까? 자연미를 살린다고는 하지만 인공적인 것들이 주는 메마름과 식상함은 어쩔 수 없는 것인가 보다. 자연 상태의 돌이 아닌, 두드리고 깨낸 흔적들이 잠시 눈에 거슬렸다. 그러나 미관과 사람들의 편리를 위한 배려일 것이라는 생각에 미치자, 아쉬운 마음은 자연스럽게 상쇄되었다. '편리'를 추구하는 풍조에 묻혀 기억조차 희미해지던 징검다리, 문학 작품 속에서나 가끔씩 대하며 향수에 젖곤 하던 그 징검다리가 유등천에 살아난 것이다.

학창 시절 황순원의 소설 「소나기」를 읽었던 기억을 떠올리다 보면 세파(世波)에 많이도 경화(硬化)됐을 가슴이 어느 새 스펀지처럼 푹신해지곤 한다. 꿰맨 흔적을 찾아볼 수 없는 깨끗한 장면들 하나하나가 아직도 퇴색하지 않은 채 가슴에 생생하게 살아 있어, 생각하는 내내 가슴은 온기마저 품곤 한다. 자신의 마음을 몰라주는 야속한 소년에게 조약돌 하나를 던지며 징검다리를 밟고 냇물 건너편으로 뛰어가는 소녀의 모습이 손에 잡힐 듯하다. 지금 이 순간 징검다리 저편으로 멀어지던 소녀가 긴 머리칼을 나풀거리며 소설 밖으로 뛰어나올 것만 같다.

징검다리는 '징그다'라는 동사의 명사형인 '징검—'에 '다리'라는 명사가 붙어서 만들어진 어휘인 것 같다. 원래 '징그다'라는 말은 옷의 일부가 쉽게 해지지 않도록 다른 천을 대고 듬성듬성 꿰매거나 큰 옷을 줄이려고 듬성듬성 호는 행위를 뜻하는 말이지만, 장차 닥쳐올 일을 대비하여 미리 준비하는 것을 의미하기도 한다. '징검—'은 이것의 명사형인데, 이것을 첩어 형태로 만들면 '징검징검'이 된다. 이것은 촘촘하지 않게 띄엄띄엄 징거서 꿰매는 모양을 말하는데, 경우에 따라, 발을 멀찍하게 띄어 놓으며 걷는 모양을 말하기도 한다. 따라서 합성어 '징검다리'는 '징거 놓은 다리', 즉, 개천이나, 물이 많이 괸 곳을 디디고 건너도록 드문드문 띄어 놓아 둔 돌덩이나 뗏장을 말하며, 그 돌을 '징검돌'이라 한다.

다리는 단절된 두 세계를 하나로 잇는 역할을 한다. 나아가 생면부지의 사람들을 스스럼없고 낯익은 얼굴로 바꿔 놓는 힘을 가지고 있다. 또한 그리움을 키우며 살아야 하는 사람들의 해묵은 상처를 치유해 줌은 물론, 피차에게 열린 세계를 제공함으로써 멀어진 관계를 회복하는 소중한 통로라 할 수 있다.

그러나 콘크리트나 철 구조물로 만들어진 대부분의 다리는 이어줌과 동시에 또 다른 단절을 만들어냈다. 세계와 세계, 사람과 사람은 만날 수 있게 했지만, 사람과 자연은 단절시킨 것이다. 사람과 물이 멀어지고, 사람과 물고기, 사람과 강변의 갈대밭이 서로에게서 멀어졌다. 유유히 먹이를 찾던 많은 새들이 떠나가고, 남아 있는 새들마저 곁눈질로 사람을 경계하게 했다. 이어짐의 이면에 존재하는, 사람과 자연 사이의 이 단절과 불신의 벽이 종종 가슴을 아프게 했었다.

이제는 가슴 속 상처에 딱지가 앉고, 멀어진 가슴들이 하나둘 돌아올 것 같다. 유등천에 징검다리가 생기기까지 그들은 얼마나 마음이 아프고, 그리운 가슴을 쓸며 울었을까? 아픔을 견뎌내며 기다렸을 그리운 영상들이 오늘 유등천에 가슴 벅차게 살아나고 있다.

아이들이 재미삼아 징검징검 뛰어 저쪽으로 건너간다. 가위 바위 보를 하며 징검다리를 한 칸 한 칸 이동해 이쪽으로 오는 다정한 모습도 보인다. 무서운 듯, 엄마 등에 착 달라붙어 있다가 이따금 꺅, 소리를 지르는 어린아이의 얼굴에 천진한 웃음이 깨끗하다. 자전거를 어깨에 메고 건너가는 사람의 수고로운 모습도 여기선 눈에 정겹게 찍힌다. 물고기들이 징검돌 사이를 유영(遊泳)하고, 그것을 들여다보며 내지르는 아이들의 음성이 탱탱하다. 사람들을 아랑곳하지 않은 채 새들은 물 속에 연신 부리를 박는다. 옛일을 더듬고 있는 것일까? 지팡이에 노구(老軀)를 의지한 백발성성한 노인이 잔잔한 미소로 이 광경을 지켜보고 있다.

장마철이 되어 물이 불면 이 징검다리는 잠길지도 모른다. 또 더러는 물살에 떠밀려가 버려 수리를 위해 불편한 수고를 들여야 할지도 모른다. 하지만 난 이 정도 단절과 불편함쯤 감수해도 좋을 것 같다. 너도 나도 편한 것만을 추구하는 세상에서 그래도 이런 불편은 감미로울 것 같다.

인간은 만물의 영장이지만, 이런 인간도 자연의 한 부분임은 거부할 수 없는 사실이다. 따라서 인간과 자연은 사이좋게 공존할 수 있어야 한다. 이런 세상이라야 영원할 수 있으며, 우리는 끊임없이 이런 세상을 꿈꿔야 한다.

징검다리는 이 영원한 세계를 여는 작지만 큰 통로이다.

이야기

둘

바람의 흔적으로 살다

바람 I

I

고요바람, 실바람, 산들바람, 건들바람, 흔들바람, 된바람, 센바람, 큰바람, 큰센바람, 노대바람, 왕바람, 싹쓸바람, 샛바람, 하늬바람, 마파람, 높바람, 높새바람, 높하늬바람, 뒷바람, 골짜기바람, 산골바람, 강쇠바람, 꽁무니바람, 고추바람, 명지바람, 피죽바람…….

이름도 참 많다. 어느 나라의 말이 한 가지 사물에 대해 이처럼 다양하게 표현할 수 있을까? 연기가 수직으로 올라가는 정도로 바람이 부는지 안 부는지 알 수 없는 고요바람에서부터 엄청난 피해를 입히며 사람들의 가슴에 지울 수 없는 상처를 남기는 왕바람, 싹쓸바람에 이르기까지 부는 방향이나 성향, 세기 등에 따라 바람은 이렇듯 다양한 이름으로 불려왔다. 동풍이니, 서풍이니 하는 한자말 이름을 굳이 갖다 붙이지 않더라도 의미는 물론 느낌까지 고스란히 전달하는, 우리말의 무궁무진한 표현력을 실감하게 한다. 듣는 순간 구체적인 형상을 갖추며 순식간에 이미지의 옷으로 갈아입는 이름들 하나하나가 참으로 구미가 당기고 감칠맛이 있다. 갖고 싶은 물건에 맘대로 손을 뻗치는 어린애라도 된 듯, 하나같이 곱고 매력적인 얼굴에서 눈을 뗄 수가 없다.

II

사전적인 의미로서의 바람은 기압의 변화에 따라 일어나는, 혹은 사람이 일으키는 공기의 흐름을 말한다. 즉, 수평 방향으로의 공기의 흐름을 말하는데, 바람은 보통 기압이 높은 곳으로부터 낮은 곳으로 분다. 그러나 이것은 지극히 과학적이고 단편적인 사실에 지나지 않는다. 오히려 바람은 우리네 삶 속에 늘 함께 하며, 그 몸안에 부지기수(不知其數)로 많은 삶의 의미들을 담아 왔다는 생각이 든다.

농경을 주로 했던 우리 민족에게 날씨는 대단히 중요한 조건이었다. 기후를 예측할 수 있도록 함으로써 피해를 줄이고, 농사의 소출(所出)을 늘릴 수 있도록 했다는 면에서 바람은 농경의 성패를 쥐고 있는 전령사 구실을 했다고 할 수 있다. 키로 만든 바람은 곡물과 이물질을 분리해 주었고, 풀무로 만든 바람은 사그라지는 불꽃을 살려내거나, 도자기를 구워내기에 알맞을 만큼 가마 속의 열기를 상승시켜 주었다. 또한 순전히 인력으로 움직여야 했던 뱃길에서 사람의 힘을 덜게 했다는 면에서는 동력으로서의 구실도 담당했다고 할 수 있다. 물길을 잡아 목적지를 찾아가야 하는 항해술에 있어 바람은 지극히 중요한 역할을 수행했던 것이다. 더러는 역풍에 맞서 힘든 항해를 해야 할 때도 있었겠지만, 순풍을 이용한다면 불필요한 힘을 덜 수 있는 일 아니겠는가?

무더운 여름 오후, 고슴도치의 가시털처럼, 굶주림에 지친 이리의 날카로운 이빨처럼 온몸에 내리꽂히는 햇살을 피해 농부는 잠시 일을 놓고 느티나무 그늘에 되는대로 주저앉는다. 그럴 때면 바람은 세모시 같은 오수(午睡)의 정령을 데리고 파란 망토 펄럭이며 찾아오곤 한다. 머문 듯 떠나는 그 짧은 시간의 오수로도 농사의 고단함을 털어버릴 수 있을 만큼의 마력을 바람은 가지고 있다.

바람은 머나먼 도회지의 소식과 함께 두메산골의 사람들을 찾아오기도 했고, 그리움을 실어 두메산골과 도회지를 오가는 다리품도 아끼지 않았다. 또 때로는 타임머신처럼, 파스텔 빛 추억의 시간을 데리고 우리네를 찾아오기도 한다. 거기엔 그리운 사람의 얼굴과 목소리도, 가슴 저미듯 아픈 사연도, 꽃향기로 채색한 추억의 뜰도 함께 찾아오는 것이다.

음력 정월 대보름, 바람이 자유로운 언덕에 서면 코끝은 시렸지만, 바람은 비상(飛上)의 욕구로 설레는 연(鳶)을, 그리고 그 속에 담은 소년의 꿈까지도 고스란히 하늘로 데려가 주었다. 그뿐인가. 무지개 너머 아스라이 먼 이상(理想)의 나라까지 데려가 주는 다리품도 아끼지 않았다. 어린 날, 놀이 삼아 접곤 하던 종이비행기와 종이배는 물론, 그 속에 담은 미지의 세계에 대한 동경까지도 주저 없이 데려가 준 바람은 인정 넉넉한 할아버지의 모습이었다.

자유를 기본적인 속성으로 하는 탓에 바람은 종종 문학은 물론, 음악, 미술 등 예술 작품의 소재가 되어 그 나름의 의미를 부여받으며 새로운 얼굴로 탄생하곤 한다. 잊고 있었던 과거 어느 시점을 새로운 의미와 함께 데리고 오거나 모순의 그늘에 가려진 현실을 냉철하고 엄중한 비판의 낚시 바늘에 꿰어 의식의 수면으로 끌어올리기도 하고, 만나는 사람들을 직접 데리고 먼 미래의 유토피아에 다녀오기도 한다. 또한 상황에 따라 각양각색의 성격을 부여받으며 동화 속에 살아나 꿈꾸는 아이들의 여린 마음을 흔들어 놓기도 한다.

오존층 파괴와 온실 효과로 인해 해가 다르게 뜨거워지고 있는 요즘은 인공적인 동력으로 바람을 더 많이 만들어내고 있다. 하지만 상대적으로 바람의 분노 또한 커져, 이것을 우려하고 감당해야 하는 세상에 살고 있는 것 또한 사실이다. 참으로 아이러니하지 않은가!

Ⅲ

볏짚을 쌓아둔 난가리 밑에 해바라기를 위해 앉는다. 일순간 햇살이 경계하는 눈빛으로 물러났다 다시 다가선다. 이윽고 바람이 분다. 독재자의 폭압적인 눈빛처럼, 그 결이 아직도 매워 눈이 질

끈 감긴다. 하지만 이윽고 눈두덩을 스치는 훈기에 스르르 눈이 풀린다. 감았던 눈을 뜨니, 저만치 봄이 아우성치며 달려오고 있다. 순간, 발밑이 간지러워진다. 발밑의 볏짚을 걷어낸다. 이런! 냉이순이 어느 새 노랗게 올라와 있었다.

바람 II

'바람(風)' 과 '바람(望)' 에 대하여

I

말은 일반적으로 의미와 소리의 결합에 의해 실현된다. 인간은 이 말을 통해 자신의 뜻을 전하고 상대방의 뜻을 헤아리게 된다. 따라서 일정한 의미가 표현되기 위해서는 청각 인상의 차이가 있는 소리가 기본적인 전제가 되어야 한다.

프랑스의 소설가 플로베르의 '일물일어설(一物一語說)', 즉 '하나의 사물이나 의미를 나타내는 말은 하나뿐'이라는 말처럼, 생성 당시 모든 말은 하나의 말에 하나의 의미가 결합될 것이다. 그러나 이렇듯 하나의 의미를 부여받았던 말은 상황에 따라서는 또 다른 의미를 부여받기도 한다. 이 때 새로이 결합된 의미는 기존 의미와

의미상 일정한 연관성을 갖기도 하지만, 경우에 따라서는 완전히 다른 의미가 결합되기도 한다. 이른바 다의어(多義語)니, 동음이의어(同音異議語)니 하는 말들이 그것이다. 그러고 보면 모든 말은 같은 소리라도 여러 가지 다른 뜻이 결합될 수 있는 가능성을 내재하고 태어난다고 할 수 있다.

'바람'이라는 말이 있다. 어느 날 무료함을 달래려고 시작했던 생각의 가지치기 끝에 난 이 말이 다양한 의미들이 결합된 다소 복잡한 의미 구조를 지니고 있다는 생각을 하며 국어사전을 펼쳐 확인했던 적이 있다. 다음은 민중서림 「엣센스 국어사전」(문학박사 이희승 감수)에서 밝히고 있는 이 말의 의미들이다.

바람1 ① 기압의 고저에 의하여 일어나는 공기의 유동(流動) ② 속이 빈 물체 속에 넣는 공기 ③ 들뜬 마음이나 짓 ④ 풍병. 중풍. ⑤ 작은 일을 불려서 크게 말하는 일. 허풍 ⑥ 남의 비난의 목표가 되거나 어떤 힘의 영향을 잘 받아 불안정한 일 ⑦ 한꺼번에 밀어 닥치는 어수선한 분위기나 소용돌이 ⑧ 남을 부추기거나 얼을 빼는 짓

바람2 바라는 바. 소망.

바람3 ① 무슨 일의 결에 따라 일어나는 기운 ② 몸에 차려야 할 것을 차리지 않고 나서는 차림

바람4 실, 새끼 등의 한 발쯤 되는 길이

이 중에서 내 생각의 끈을 끈질기게 잡았던 건 '기압의 고저에 의해 일어나는 공기의 유동(流動)'이라는 의미와 '바라는 바'라는 의미였다. 이들은 동음이의 관계에 있는 의미로서 태생적으로 아무런

연관성이 없는 말로 우연히 같은 소리에 붙은 엄연한 다른 단어다. 그럼에도 불구하고 나의 오랜 버릇은 이 둘 사이의 실낱같은 연관이라도 찾아내려고 오랫동안 부산했었다. 그 결과 내 생각의 가지치기는 끝내 그 연관성에 도달하고 말았고, 감히 이런 이야기를 주워섬기기에 이르렀다.

II

사람은 누구나 꿈을 꾸며 살아간다. 실현 가능한 것이든, 불가능한 것이든 꿈을 꿀 수 있기에 팍팍한 현실 속에서도 우리의 삶은 어느 정도의 탄성(彈性)을 유지할 수 있는 것이리라. 이렇듯 꿈은 이상적인 어떤 상태에 대한 바람(望)을 의미한다. 그러나 인간은 누구나 자신이 가진 모든 꿈을 성취하며 사는 것은 아니다. 꿈은 성취를 목표로 도전하는 어떤 대상이지만, 더러는 앞을 가로막는 장애물에 막혀 약해지고 때로는 굴절되거나, 심지어 육신이 부서지는 아픔에 온몸을 맡긴 채 스러지기도 하는 것이다.

하지만 그 꿈이 절대적인 성취가 필요한 어떤 것일 때, 사람은 종종 불가능한 상상을 통해서라도 그 꿈을 붙잡으려고 하거나, 그것을 통해 실패와 좌절에서 생긴 마음의 상처를 치유할 힘을 얻으려고 하는 경향이 있는 것 같다. 우리가 흔히 쓰는 '바람(을)쏘인다'는 표현은 결코 우연히 만들어진 말은 아닐 것이다. 뜻대로 되지 않는 무엇이 있어 답답할 때, 어디에서도 그 답답한 마음을 위로받을 수 없을 때 우리는 종종 바람을 쏘인다. 바람(風)은 구속 없이 어디든 갈 수 있는 자유의 날개를 지니고 있기에 그가 하는 대로 모든 것을 내맡기고 있노라면, 때로는 마음만이라도 꿈의 언저리에 가 볼 수 있는 것이고, 또 때로는 새로운 꿈을 꿀 의지의 옷을 입고 돌아올 수도 있는 것이다. 그래서 바람은 좌절 앞에서 사람들이 흔하게 붙드는 대상 중 하나가 되어 왔던 것은 아닐까? 실제적인 성취와는 관계없이 바람은 이렇듯 고마운 카타르시스의 정령(精靈)으로 우리 곁에 존재한다.

인간은 인간인 탓에 끊임없는 바람으로 가슴을 채우고, 바람은 수많은 사람의 바람을 싣고 마치 전서구(傳書鳩)처럼 현실과 이상 사이를 부지런히 넘나들고 있는 것은 아닐까? 그러고 보면 바람(風)과 바람(望)은 동음이의어가 아니라 의미상 연관성을 지닌 다의어일는지도 모른다는 엉뚱한 생각이 들기도 한다.

Ⅲ

여름 햇살의 칼끝이 채 무디어지지 않은 어느 초가을 오후, 열어 둔 거실 베란다 문 앞의 벤자민이 더위에 지친 몸을 바람에게 맡긴 채 한들거리고 있었다.

'저 바람은 어디서 왔을까? 그리고 얼마나 많은 이들의 바람을 싣고 여기에 왔으며, 저들은 또 어떤 바람을 위해 어디를 향해 갈 것인가? 저들은 지금 무슨 말을 나누고 있을까? 마음에 담고 살아온 그 어떤 바람이 있어 저토록 간절히 바라고 있는 것일까?……'

생각의 가지치기를 하는 사이 그들은 어디론가 사라졌다.

베란다 창문을 통해 내다본 아파트 주차장에 햇살이 쏟아지고 있었다. 햇살의 인도를 따라 시선을 옮긴 주차장 작은 화단에 감나무 한 그루가 갓 익기 시작한 감을 달고 있었다. 바람은 그 가지에 걸터앉아 노오란 바람을 정성스레 어루만지고 있었었다.

'아니, 벌써! 내 손엔 아무것도 없는데…….'

적수공권(赤手空拳). 초라했다. 그 손을 물끄러미 내려다보노라니, 가슴 한 편에 스산한 바람이 일었다. 그 바람을 따라, 무엇 하나라도 가지고 싶다는 바람이 가슴을 휘젓고 있었었다.

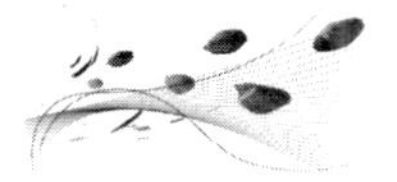

바람의 흔적으로 살다

"스물 세 해 동안 나를 키운 건 팔 할이 바람이다."

시인 고(故) 서정주의 「자화상(自畵像)」이라는 시의 한 구절이다. 「자화상(自畵像)」은 시인이 스물세 살 되던 해인 1937년에 쓴 작품으로 알려져 있다. 흔히 이 작품 속의 '바람'은 화자, 또는 시인의 젊은 날의 방랑, 방황, 시련 등을 의미하는 것으로 해석하는 것이 보편적이다. 의미가 완전히 같다고 말할 수는 없다고 하더라도, 젊은 날의 자신의 상당 부분을 '바람이 키웠다.'라고 말한 시인의 경우처럼 나에게도 바람은 특별한 의미를 갖는다.

내 몸엔 바람이 만들어낸 흔적으로 가득하다. 또한 이 세상 그 무엇도 바람의 흔적 아닌 것이 없다고 나는 생각한다. 지금도 바람은 내게 자신의 흔적을 남기며 내 주위를 맴돌고 있다. 가끔 내 삶의 우물을 물끄러미 들여다보며 성찰하노라면, 여기저기에 그의 흔적들이 보인다. 육안으로 보이는 물리적인 것이든, 깊은 마음 속에 내재한 흔적이든, 세상을 살아낸 만큼의 숱한 바람의 흔적을 나는 안고 살아간다.

바람은 때론 저절로 감탄을 자아내게 할 만큼의 아름다움을 위해, 또 때로는 음미하고 싶은 욕구가 절로 생기게 할 만큼의 은은한 삶의 향기를 위해 누군가의 삶을 조각하는 데 온 정성을 다한다. 그러나 때로는 부드럽던 그 손에, 숨겨두었던 예리한 날을 세워 누군가의 가슴을 후벼 파며 쉬이 지워지지 않을 상흔(傷痕)을 남기기도 한다. 마치 세상을 심판하는 신의 사자(使者)처럼 말이다.

바람이 불어온다. 내게 다가와 손을 내민다. 낯익은 손이다. 손끝이 따스하다. 코끝에 아련히 살아나는 향기 또한 익숙하다. 순간, 가슴이 꿈틀거리며 반응을 시작한다. 낯익은 느낌 그대로 그를 따라가니, 저만치 그 아이가 동그마니 앉아 있다. 바람은 이렇게 나를 종종 그 아이에게 데려다주곤 한다. 그래서 이 흔적은 쉬이 지워지지 않을 것 같다.

지난겨울 어느 날 난 가족과 함께 바람의 흔적을 찾아 경남 합천을 여행했다. 드라마 촬영 세트장을 간단히 들러 찾은 그 미술관의 이름은 〈바람 흔적 미술관〉. 이곳을 아는 사람이라면 어째서 그 외딴 미술관을 찾아갔을까 생각할지도 모르겠다. 왜냐 하면 다녀온 내 기억에 그 미술관이 위치한 곳은 사람들의 발길이 쉬이 닿기 어려운 곳이었다고 생각하고 있기 때문이다. 우연한 기회에 특별한 이유 없이 마음이 끌려 그 미술관을 찾게 됐고, 전시회 구상까지 하게 됐노라 그 아이는 말했었다. 하지만 비단 그것만은 아니었으리라. 어쩌면 그 아이의 내면에 자리한 어떤 흔적이 그 아이를 그 곳으로 이끌었던 것은 아닐까? 그래서 내가 아는 한 특별한 연고(緣故)가 없는 이곳을 전시장으로 선택한 것은 아니었을까?

"세상은 한 권의 책. 당신과 나는 하나의 페이지. 내가 당신을 읽고 당신은 나를 읽습니다."

그 아이가 전시회에 담고자 했던 메시지다. 세상을 한 권의 책으로 집약한 아이의 큰마음을 만나며 '그렇다!'라는 공감과 함께 눈앞이 환해지던 그 때의 느낌을 지금도 잊을 수 없다. 예술이라는 이름을 붙일 수 있는 어떤 장르도 '나'와 상대방 사이의 느낌과 생각의 공유를 전제로 하지 않는 것은 없다. 그 아이가 이런 메시지를 전하고자 전시회를 기획했다면, 그 메시지를 온전히 살려줄 수 있는 공간이 필요했을 것이고, 그 아이는 이것을 고민했을 것이다. 그리고 그 공간을 찾던 중 우연히도 이 미술관을 만났을 것이다.

전시장은 작품과 함께 전시를 위해 필요한 가장 기본적인 공간이다. 하지만 다른 각도에서 생각해 보면, 적어도 예술가에게는 그 전시를 통해 전하고자 하는 메시지의 일부라 할 수도 있다. 그래서 전시를 하고자 하는 사람은 그 공간이 메시지의 일부가 되도록 모든 것을 메시지에 맞게 재구성하는 것이고, 선정 단계부터 이왕이면 그 공간이 갖춘 구조적인 바탕이 전시 메시지와 맞아떨어지는 곳을 선택하려고 할 것이다. 아이는 이런 모든 점들을 감안해 이 '바람 흔적 미술관'을 최적의 장소로 판단하지 않았을까?

세상과 동떨어진 곳이라도 느낌과 생각을 공유하고자 하는 사람이라면 이곳을 찾았을 것이다. 또한 그 아이는 우연으로라도 이곳에 들른 낯선 사람들과 느낌과 생각을 공유하며 낯익음을 더불어 누리고 싶었을 것이며, 그 아이는 그런 만남을 원했을 것이다. 생면부지의 사람이라도 비슷한 흔적을 가지고 있는 사람이라면 충분히 '낯익음'으로 만날 수 있는 것이 우리네 삶은 아닐까?

야산 모퉁이를 돌아 미술관이 있는 쪽으로 방향을 잡자, 거대한 바람개비가 마중을 나왔다. 우리가 마치 자신과 비슷한 흔적이라도 가졌다는 듯 그 표정에 반색이 있어 사뭇 친근하게 느껴졌다. 가파른 비탈길을 올라 주차장에 차를 대고 전시장에 들어섰을 때, 때마침 문을 열고 나오던 관장을 만났다. 수식이 많지 않은 느린 말투, 많은 말을 하기보다 수수한 표정과 이따금 보내는 공감의 고갯짓이 낯선 거리감을 상쇄(相殺)시켰다. 잔디밭에 군데군데 박힌 바위를 재미삼아 오르락내리락하던 꼬마의 웃음과 거구에 비해 표정이 온순해 보이던 개 한 마리도 꾸밈이 없어 보였다. 그리고 세월을 거슬러 올라간 낡은 구식 난로 위에 고구마가 구워지는 풍경! 보글보글 찻물이 끓는 풍경!

관장의 배려로 따스한 차 한 잔을 마시고 우리 가족은 자리를 옮겨 그 아이의 전시장에 들렀다. 그 날 그 아이는 평소 생활하던 순천에 있었다. 미리 연락하고 가면 부담을 줄 수도 있어 그냥 갔던 탓에 그 아이는 만날 수 없었다. 관람을 마치고 나오면서 전화를 걸었을 때 그 아이는 자신이 맞이하지 못하는 것을 무척 아쉬워했다. 하지만 난 거대한 세상 속의 한 페이지로서 서로를 건너다보고 있다는 사실만으로도 함께 있는 것 이상으로 충분히 따스했다. 또한 작품을 만나는 순간순간 서로를 통해 낯익은 바람의 흔적을 발견하는 것 자체만으로도 우리는 함께 있는 것이나 다름없다고 생각했다. 오히려, 인간이라는 오만한 자존심의 칼날을 접고 세상이라는 거대한 책 속의 한 페이지가 되어 들어갈 줄 아는 겸손함과 서로에게 하나의 페이지가 되어 읽히기를 기꺼이 허락할 수 있는 배려의 마음을 배우고, 서로가 하나의 페이지로서 이어져 있다는 유대감을 확인하고 돌아갈 수 있음에 감사했다. 꽃잎처럼 가슴에 새겨진 이 소중한 흔적을 가슴에 간직하며 난 바람개비의 친절한 배웅 아래 미술관을 떠났다.

돌아오는 길, 아쉬워하며 굳이 따라나선 미술관의 바람과 함께 우리는 잠시 해인사에 들렀다. 오랜만에 나온 가족 여행이라서인지 장난에 여념이 없는 아이들을 재촉해 해인사에 도착했을 땐 마음 급한 겨울 해가 어느덧 가야산 정상 가까이 도달해 있었다.

재촉하는 바람을 따라 서둘러 매표를 하고, 팔만대장경이 소장돼 있는 장경판고를 보기 위해 계단을 헐떡거리며 올라 해인사 경내로 들어섰을 때, 저만치 앞서간 바람이 해인사 토박이 바람과 수인사를 나누고 있었다. 그들은 예나 이제나 변함없이 해인사와 팔만대

장경을 지키고 있었던 것이다.

해인사 관람을 대충 마치고 나섰을 땐 저녁 해가 이미 가야산 정상을 넘어가 주위가 어둑어둑해졌을 때였다. 그런데 뭔가 놓고 온 것 같은 허전한 느낌에 뒤를 돌아보았을 때, 우리를 인도해 온 바람이 해인사 토박이 바람과 함께 풍경을 희롱하고 있었다.

"바람도, 그리고 나도 어차피 세상이라는 거대한 책 속의 한 페이지라면 존재하는 곳이 어디든 무슨 상관이 있으랴. 보이지 않는 곳에 있을 뿐 어차피 같은 책 속에 있는 것을."

어디선가 이렇게 말하는 소리를 들은 것 같다. 난 가슴에 남은 그의 흔적만 고이 간직한 채 서둘러 해인사를 떠났다.

비금도(飛禽島) 밤바람

장마도 끝난 지 오래다. 몇 년 만에 한반도에 상륙한다던 태풍 '뎬무'도 동해안으로 빠져나가 태풍으로서의 생명을 다했다. 그런데 웬일인지 비는 그치지 않았다. 더군다나 '폭우'라는 말이 귀에 따라다닐 정도로 양도 많았다. 와이퍼가 숨가쁘게 움직여도 앞을 분간할 수 없어 고속도로에서도 속도를 낼 수 없었다. 오랜만의 가족여행. 막냇동생이 살고 있는 전남 목포를 향해 가는 길은 그때처럼 순탄치 못했다.

막냇동생이 결혼하던 날도 그랬다. 예식 시간에 맞추려면 아침 일찍 출발해야 했다. 그런데 비가 억수같이 쏟아져 장거리를 운전하고 가야 하는 마음이 편치 않았었다. 그래도 그때는 소나기성(性)

이었는지 전주를 지나면서 빗줄기가 가늘어지고 전주를 벗어났을 때는 구름 사이로 햇살마저 볼 수 있었다.

대전을 출발한 새벽부터 내린 비는 목포에 도착할 때까지 그치지 않았다. 잔뜩 긴장을 하고 온 탓에 목포에 도착했을 때는 몸도 마음도 많이 지쳤다. 하지만 다행히 목적지인 비금도행 배를 타기 위해 이동할 무렵부터는 빗줄기가 가늘어졌고, 오후가 되면서 햇살을 볼 수 있을 만큼 날씨는 호전됐다. 비금도는 외부 차량이 들어갈 수 없는 섬이라 차는 목포 선착장에 주차해 두고 짐만 챙겨 들어갔다. 막내매제가 섬에서 움직일 차량을 미리 준비해 둬 큰 불편은 덜었다.

섬이라고는 하지만, 크기가 비교적 커서인지 비금도는 뭍과 비교해 특이한 점은 없었다. 사람 사는 곳이 무에 다를 게 있으랴. 시골 어디서나 볼 수 있는 흔한 풍경들을 비금도는 그대로 가지고 있었다. 우리가 묵을 숙소는 허름한 펜션이었다. 그러나 우리 가족이 2박 3일을 묵으며 휴가를 보내기에 큰 불편은 없어 보였다. 집 나가면 고생이라는데, 그래도 이 정도면 호텔이지 싶었다.

'비금도'라는 섬 이름은 상공에서 내려다보면 큰 새가 날아가는 모양을 가지고 있어서 붙여진 이름이라고 했다. 이것을 확인하기 위해 타고 올라갈 비행기가 있는 것도 아니고, 또 있다고 한들 그것을 확인하자고 비용을 들여가며 그 비행기에 올라타는 것도 특별한 의미를 발견하긴 어렵다는 생각이 들었다. 그래서 으레 그러려니 흘려버렸던 것도 사실이다.

비금도의 낮은 여느 섬처럼 평범하고 호젓했다. 우리가 방문한 날은 해수욕장에도 인적이 거의 없어 고즈넉한 느낌마저 들었다. 아무 데나 몸을 부리고 누워 생각이 흘러가는 대로 의식을 맡기고 있어도 좋을 만큼 한적했다. 아니 여름 바다답지 않은 난데없는 쓸쓸함마저 이따금 가슴에 젖어 들곤 했다.

그런데 낮 시간의 낯익은 풍경들과는 다르게 나를 영락없는 이방인의 신세로 만든 이국적이고 낯선 느낌은 밤을 빌려 찾아왔다. 비금도의 밤은 마치 반인반수(半人半獸)의 이야기 속 괴물처럼 낮 동안 가지고 있던 섬에 대한 느낌들이 얼마나 섣부른 것이었는지를 일깨웠다. 특히, 광풍(狂風)이라고 해도 지나치지 않을 밤바람은 휴식을 위해 찾아오는 잠의 정령(精靈)들의 상륙을 용납하지 않았다.

낮 동안 아이들과 놀아주느라 지친 몸이 금방 잠에 빠져들었다. 얼마나 잤을까? 귓가를 자극하는 낯선 소리에 문득 눈을 떴을 때, 검은 그림자가 쉼 없이 창문을 기웃거리고 있었다. 나무였다. 마치 그네라도 타는 듯 사라졌다가는 금세 바람을 타고 창가에 다가와 안을 기웃거렸다. 잠에서 깬 나의 기척을 느낀 것일까? 마치 무엇인가를 갈구(渴求)하듯 나무는 이윽고 더욱 거세게 흐느적거렸다. 그토록 돌아오고 싶었던 곳에 이제야 돌아온 희열(喜悅)일까? 아니면 창을 열고 들어와야 할 사연이 있음일까? 피곤이 가시지 않은 잠을 청하기 위해 등지고 누웠지만, 그 간절한 몸짓은 이미 머릿속에 들어앉아 버렸다. 쉬이 내보내기 어려울 것 같은 느낌에 잠은 이미 오던 길을 되짚어 저만치 달아나 버렸다. 그렇게 나무는 더욱 세찬 몸짓으로 창문을 기웃거렸다.

낮 동안은 섬에 내려앉아 날개를 접고 있던 거대한 새 한 마리가 밤이 되면 눈을 뜨고 비상(飛上)하는 것일까? 바다를 향해, 깜깜한 밤하늘을 향해 비금(飛禽)은 밤새도록 그 거대한 날갯짓으로 광풍을 만들어 섬을 유린했다. 바다로부터 가까스로 상륙을 시도하던 잠의 정령들은 비금의 날갯짓 한 번에 속수무책 바다를 향해 곤두박질치고 말았다. 생살이라도 찢어지는 듯 내지르는 누군가의 비명과 아우성으로 섬 전체가 꽉 차 버린 것 같았다. 마치 나를 불러내는 누군가의 목소리라도 들은 양 난 끝내 문을 열고 광풍의 심장을 향해 걸어 나갔다.

아이들이 낮 동안 가지고 놀던 평상 위의 물놀이 도구들이 피곤이 역력한 얼굴로 이리저리 굴러다니고 있었다. 그것들을 챙겨 펜션 문 안에 들여놓고 잠시 의자에 앉았다. 광풍에 유린당하고 있는 그대로 사이사이 달빛이 비집고 내려와 사물의 존재를 윤곽으로나마 드러내 주고 있었다. 난 섬의 몸뚱이 여기저기를 둘러보며 뭍에서의 복잡했던 상념들을 하나둘 끄집어내기 시작했다. 하지만 바람은 나의 방문을 달가워하지 않는 듯 쉴 새 없이 나를 귀찮게 했다. 그 때마다 실마리를 풀던 생각들은 번번이 끊어져 버렸고, 어느 것 하나 정리되지 않은 채로 머릿속만 복잡해지고 말았다. 난 결국 등 떠밀려 다시 펜션 안으로 들어와 잠자리에 누웠다. 하지만 또렷해지기만 하는 정신에 눈꺼풀은 이미 감기기를 포기했다. 이렇듯 나도, 섬도 밤새도록 쉬이 나을 것 같지 않은 몸살을 앓았고, 새벽녘 동이 틀 때쯤 비금은 날갯짓을 멈추고 다시 섬에 내려앉았다. 그제야 섬은 평온을 되찾고 지친 육신을 잠시나마 눕히는 모습이었다.

이튿날 아침 개운치 않은 기분으로 일어났을 때 참 신기하게도 섬은 평온했다. 마치 간밤의 모든 기억을 깡그리 잊었다는 듯, 아니 아무 일도 없었다는 듯이 말이다.

그런데 아이들의 체험학습을 위해 염전을 찾았을 때였다. 염전 사장의 설명을 듣는 사이사이 어디선가 나를 살피는 누군가의 시선이 느껴졌다. 그리고 잠시 후 그 느낌은 마치 스멀스멀 기어가는 듯한 느낌으로 등 뒤에 느껴졌다. 하지만 돌아본 그 자리엔 거대한 소금창고가 버티고 서 있을 뿐 특별한 것은 없었다. 그런데 낚시 체험까지 마친 후 트럭 적재함에 몸을 싣고 덜컹거리는 비포장도로를 따라 염전을 떠날 때 무심코 돌아본 소금창고에서 희미한 움직임이 포착됐다. 움직임의 정체를 확인하기 위해 시선을 고정하고 어림잡아 본 그것은 저녁 어스름이었다. 비금이 날갯짓을 시작한 것일까? 식사를 마치고 나와 숙소를 향할 때 주변의 나무들이 몸을 떨기 시작했다.

'잠시 후면 비금은 거대한 날갯짓으로 비상하리라. 그리고 섬은 온갖 아우성과 비명으로 가득하리라. 누가 내질렀는지 모를 그 아우성과 비명 속에 불면(不眠)의 시간이 다시 섬을 찾아오리라.'

생각하는 동안 트럭은 광풍이 일기 시작하는 벌판을 질러 숙소를 향해 달려갔다. 그리고 나는 비금의 날갯짓에 하룻밤을 온전히 맡겨 보리라 작정했다.

유등천 단상(斷想) I

I

오랜만에 갠 날씨. 정시에 퇴근하는 마음이 어느 새 급해지고 있었다. 습도가 높아 후텁지근한 날씨지만, 따가운 햇살을 데리고 오랜만에 모습을 드러낸 하늘이, 손을 대는 시늉만으로도 참았던 숨을 일순간에 토해내며 지상의 모든 것을 파랗게 물들일 것 같았다. 빛깔만큼은, 마치 가을 하늘처럼 상큼한 얼굴이었다. 가을로 가는 길이 멀기만 해 보이는 한여름에 벌써부터 가을을 그리는 나의 섣부른 상상도 탓하지 않고, 하늘은 가을에 다녀오는 수고를 아끼지 않았다.

II

횡단보도를 건너 천변에 내려섰을 때 장맛비에 유린당한 몸을 스스로 치유하는 유등천의 부산한 몸짓이 나를 맞았다. 싯누런 얼굴로 탕탕히 흘렀을 물줄기에 숨조차 제대로 쉬지 못하던 물속이 보일락 말락 천천히 때를 벗고 있었다. 오랜만에 만나는 낯익은 얼굴들에 눈길을 던지노라면, 장맛비에 불어난 물에 쓸려 여기저기 상처 난 천변의 풀들이 서로의 상처를 보듬는 모습이 눈에 들어왔다. 얼마 후면 다시금 장맛비가 내릴 것이고, 다시금 불어난 물에 그들은 또다시 유린당할 것이다. 하지만 또다시 상처를 입어도 그들은 지금처럼 다시 일어설 것이다. 갖은 폭압과 착취 속에서도 오랜 시간 꿋꿋하게 삶의 수레바퀴를 굴려온 숱한 민초(民草)들의 삶처럼 말이다.

그들의 눈빛엔 부정도 없고, 증오는 더욱 없어 보인다. 그러면서도 끝까지 생의 끈을 놓지 않은 생명력에 생각이 미쳤을 때, 가슴을 지나 목까지 압박하는 눈물이 느껴졌다. 괴롭고 아픈 삶의 여정(旅程) 속에서 종종 삶을 포기하는 우리네를 생각하면 그 삶이 얼마나 숭고한가! 주어진 상황이나 현실에 대한 부정보다 차라리 스스로의 부질없는 욕심을 접고 자기가 뿌리내린 곳을 살만한 곳으로 변화시키고자 하는 그들의 삶은 얼마나 아름다운가!

절대적인 잣대를 대면, 특별할 것 하나 없는 일상이 이렇듯 가슴을 휘젓고 있다는 사실이 쉬이 믿어지지 않는다. 그동안 난 특별한 그 무엇을 찾아 부질없이 헤매고 다닌 것은 아니었을까? 주마등처럼 뇌리를 스치는 지난 시간의 끝에서 난 허상을 좇아 아무 것도 없는 허공을 부질없이 헤매고 있던 나의 눈을 발견했다. 비워두었던 자리에 다시 돌아왔을 뿐인데, 회오리바람처럼 가슴을 휘감고 돌아가는 이런 느낌이 낯이 설었다. 부끄러웠다.

그 수효는 많이 줄었지만, 아직도 보금자리를 떠나지 않은 새들이 군데군데 눈에 띄었다. 불어난 물이 작은 섬들을 삼켜 버려 그들은 모두 물가에 피해 앉아 있었다. 보금자리가 위협을 받는 상황을 온 몸으로 감내(堪耐)하고 있는 그들의 모습이 안쓰러웠다. 탕탕히 흐르는 물살을 응시하며 그들은 쉽지 않은 먹이잡이에 열중하고 있었다. 그 모습에 눈길을 주며 잠시 서 있으려니, 불현듯 그들이 모두 떠나버린 유등천의 모습이 파노라마처럼 그려졌다.

물의 양이 줄고, 유등천이 급기야 바닥을 드러낸다. 따가운 햇살을 견디지 못하고 발악하듯 몸을 뒤채는 물고기들의 처절한 마지막 몸짓도 잠시, 유등천에선 서서히 움직임이 사라진다. 새들이 하나둘 떠나고, 제초제를 뿌린 듯 천변의 풀들이 누렇게 시들며 모래벌판으로 변해 간다. 이 광경을 지켜보는 나의 몸속도 피가 마르고 타들어가는 것 같다. 그리고 적막감을 앞세우고 서서히 다가오는 죽음과 파멸의 그림자! 난 그만 고개를 저었다.

새들이 유등천을 떠난다는 것은 먹이가 줄어들고, 추위와 적으로부터 그들을 보호해 줄 숲이 제 기능을 다하지 못하는 등 그들이 살 수 있는 삶의 조건을 잃었음을 의미할 것이다. 또한 그것은 곧 사람도 더 이상 안전하게 살기 어려워졌음을 증명하는 것이리라.

인공에 의해 버려지지 않는 한 자연은 회복력을 잃지 않는다. 그러나 편리라는 미명하에 무분별하게 저질러지는 인공의 횡포 앞에서 자연은 그 회복력을 차츰 잃어가고 있다. 이대로라면 자연이 회복력을 잃는 상황이 오지 않는다고 누가 장담할 수 있겠는가? 녹색식물이 지구를 떠나 사막화가 급속히 진행되고 있고, 자동차 배기가스와, 공장 굴뚝에서 뿜어져 나오는 엄청난 양의 이산화탄소로 인해 오존층이 파괴된 것이 어제오늘의 일은 아니다. 또한 오존층 파괴는 지구 온난화를 가속화시켜 극지방의 빙하를 녹아내리게 하고 해수면을 상승하게 하는 등 곳곳에 인류의 안전을 위협하는 이상 징후들을 만들고 있다.

불어난 물에 떠밀려 삶의 보금자리가 위협을 받고 있음에도 새들은 유등천을 떠나지 않았다. 불어난 물이 빠지고 나면 원래 상태를 회복한다는 것을 본능으로 아는 때문이리라. 하지만 유등천이 그들이 살 수 있는 조건을 잃었다면 어땠을까 생각하는 사이 가슴이 답답해졌다. 그러고 보면 아직은 내 삶터가 살 만한 곳이긴 한가 보다.

Ⅲ

납작한 돌 하나를 주워들었다. 그리고 탕탕히 흐르는 물 위에 물수제비를 띄웠다. 마치 축지(縮地)하는 것처럼, 아니 고개만 내놓고 헤엄쳐가는 물뱀처럼, 물수제비는 물 위를 잘도 미끄러졌다. 그 물수제비에 난 웃음도 한 줌 실어 보냈다. 장마에 어느 정도 기세를 잃었어도 여름 햇살은 여름 햇살인지라 천변에 서 있는 사이 어느새 옷 속을 파고든 햇살이 땀샘을 자극하고 있었다.

다시 비가 시작되려는 징조일까? 물에 서서히 번지는 먹물처럼, 천변을 달리기 위해 돌아섰을 때 하늘엔 먹구름 몇 자락이 번지고 있었다. 유등천이 자연의 회복력을 잃지 않고 나와 함께 살 수 있기를 바라며, 난 내쳐 달리기 시작했다. 이렇듯 맘껏 숨쉴 수 있음에 감사하며 숨이 차도 참고 달렸다.

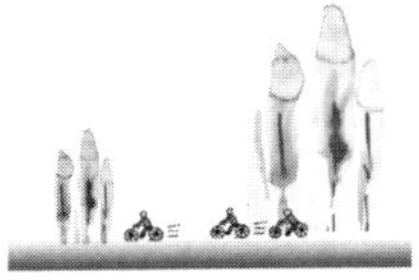

유등천 단상(斷想) II

산책이나 운동 삼아 유등천에 나가면 울컥 눈물이 넘어오는 때가 있다. 돌아오는 길의 힘겨움을 조금이나마 덜기 위해 갈 때는 바람을 맞으며 가곤 하는데, 그 바람이 불현듯 낯익음으로 다가오는 때가 바로 그 때다.

때로는 얼굴에 부딪는 감촉으로, 때로는 귓전에 부서지는 소리로, 또 때로는 코끝을 자극하는 냄새로 바람은 한동안 거기에 남아 있으면서 생각의 실마리가 되어 주곤 한다. 그리고 그것이 기억의 언저리를 넘어 무엇인가를 의식의 표면으로 떠올릴 즈음이면 난 그만 발걸음마저 붙잡혀 걸음의 속도를 늦추곤 한다. 대개는 별다른 감흥(感興)을 불러일으키지 못한 채 사그라지지만, 더러는 긴 감각의 터널을 순식간에 지나 가슴과 머리를 지배하며 그리움과 갖은 상념에 젖게 하는 경우도 있다. 그러다 보면 어떤 경우엔 울컥 눈물이 치밀어 올라 목이 메기도 하고, 메는 목을 재우는 사이 그만 눈시울이 젖어들기도 하는 것이다.

천변에 무성하게 자란 풀들이 왕성한 생명력으로 불경스럽게도 산책로를 넘보고 있다. 행인의 발걸음이나 내달리는 자전거 바퀴를 대부분 용케도 피했지만, 더러는 그 밑에 깔리고 쏟아지는 햇살을 견디지 못해 그 끝이 말라버렸다. 사람들의 산책로를 넘본 대가치고는 가혹하다는 생각을 하며 나머지라도 살 수 있도록 자라는 방향을 천변 풀숲 쪽으로 바꿔주며 일어서다가 문득,

'만약 이 모든 것이 이승에서 만나는 마지막 순간이라면…….'

하는 엉뚱한 생각이 든다. 그러자 뺨에 부딪는 바람 한 줄기도, 천변에 하늘거리는 이름 모를 풀들도, 무심히 흘러가는 유등천의 물줄기도, 물 속에 연신 부리를 박는 새들의 입질 하나도 소중하게 느껴지며, 머무는 그 잠깐의 시간 동안에도 가슴은 요동을 치기 시작한다. 마치 오래 사귄 친구를 만난 순간처럼 외롭고 쓸쓸한 가슴이 서서히 젖어드는 느낌을 음미하며 눈을 감는다. 잠시 후 눈을 뜨고 다시금 눈길을 준 그곳에 풀은 말 잘 듣는 아이처럼 다소곳이 앉아 있다. 그 모습은 내 가슴 속 요동이 멈출 때까지 한동안 그대로 담겨 있었다.

얼마 전 장마로 인해 유등천이 범람한 때문일까? 여기저기 몸살을 앓고 있는 천변의 모습이 안쓰럽다. 홍수로 오랫동안 물속에 잠겨 있던 탓에 생명 유지에 필요한 광합성 작용을 제대로 하지 못한 풀들이 이미 누렇게 말라죽어 있었고, 그나마 남아 있는 것들은 여기저기 유린당한 흔적들과 함께 근근이 생명줄만 붙들고 있는 모습으로 조만간 말라죽을 것 같다.

하지만 천변 풀밭은 여전히 자생력을 잃지 않고 말라죽은 풀들 사이사이 또 다른 생명들을 키워내고 있다. 또한 그들과 함께 코스모스가 앙증맞은 꽃송이를 하늘거리고 있다. 돌보지 않는 들꽃이라 꽃송이는 보잘것없지만, 그만큼 때가 묻지 않은 모습으로 군락(群落)을 이루며 그들도 천변 풀밭의 어엿한 주인이 되어 있었다.

그런데 왜 내겐 말라죽은 풀들만이 보였을까? 물론 풀밭에 비죽비죽 솟은 말라죽은 풀들이 첫 시선을 붙들었기 때문이기도 하다. 하지만 일방적인 감정의 흐름에 마음을 내맡겨 버린 나의 어리석음 때문임도 부정할 수는 없을 것 같다. 이 세상의 어떤 사물도 하나의 면만 가진 것은 없다. 심지어 뫼비우스의 띠처럼 안이 곧 밖이고, 밖이 곧 안인 역설(逆說)도 존재하고, 때로는 그런 삶 앞에서 넋을 잃기도 하는 것이 우리네 삶이다. 그만큼 우리네 삶은 복잡하다.

그럼에도 불구하고 그것의 일면에 온 신경을 빼앗겨 그것이 전부인 양 인식하는 어리석음을 난 범한 것이다. 또한 오만(傲慢)한 인간의 눈으로야 그지없이 보잘것없는 것들이지만, 이 세상에 단 하나뿐인 나와 똑같은 생명이라는 인식으로 눈높이를 맞추면 그들의 절망도, 그 속에서 희망을 일구는 숭고한 삶도 발견할 수 있는 것임을 나는 잊고 있었던 것이다. 물론 그것을 어떻게 인식하는가는 그 사람의 자유의사에 달린 문제겠지만, 난 왜 하필 그렇게 부정적인 생각에 사로잡혀 있었을까 하는 생각에 미치고 보니, 마음이 그만 씁쓸하고 부끄러워진다. 아직은 여리지만, 말라죽은 풀들을 대신해 그들이 천변 풀밭을 거뜬히 지켜내 주기를 바라는 마음을 눈길에 담아 던져 본다.

나의 시선이 그들을 향해 있듯, 그들의 시선도 어느 새 나를 향해 있다. 지친 발걸음을 쉴 겸 쭈그리고 앉아 키 작은 코스모스의 하늘거리는 꽃잎을 마치 귀여운 딸아이의 목 밑을 간질이듯 만져본다. 간지러움에 목을 움츠리는 딸아이처럼 꽃잎이 파르르 떨며 몸을 움츠리는 것 같다. 까르르 자지러지는 딸아이의 웃음소리를 들은 것 같기도 하다.

지금 지구촌에는 엘니뇨, 라니냐와 같은 기상 이변이 끊이지 않고 있다. 매스컴을 통해 전해지는 몸살 앓는 지구촌의 모습이 사람들의 얼굴에 어두운 그늘을 드리우고 있다. 이러한 현상은 한반도에도 예외가 아니어서 국지적인 집중호우로 인한 홍수나 가뭄이 계절을 가리지 않고 발생하고 있고, 대기권의 오존층 파괴는 이산화탄소 배출량 증가로 인해 더욱 심화되고 있다. 최근에는 지구 온난화로 해수면 온도가 해마다 상승하고 있고, 이로 인한 슈퍼태풍이

30년 내 한반도를 덮칠 수 있다는 말까지 공공연히 나오고 있다. 이곳 유등천도 이런 환경 변화를 온 몸으로 겪고 있는 것일까?

빛과 그림자, 양지와 음지가 공존하듯 절망 또한 그만큼의 희망을 내재하고 있는 것은 아닐까? 폭우와 홍수에 유린당한 천변 풀밭이 다시 새로운 생명의 싹을 틔우고 꽃을 피워내듯 말이다. 상처는 언젠간 아물고 새살이 돋는다. 나의 작은 바람과 사랑이 그 시간을 앞당길 수 있기를 바라며 자리를 털고 일어선다.

갑천을 거쳐 온 바람 한 줄기가 저만치서 달려와 내 몸을 휘감고 천변 풀들과 수인사를 나누고 있다.

가슴에 담은 그림 하나

미술이라면 학교 교육 외에 받아본 적이 없는 나다. 생활고에 찌든 어머니의 한숨 섞은 돈으로 어렵게 그림물감을 사면 그것이 처음이자 마지막인 경우가 많았다. 물론, 내게 그림에 대한 재능이나 관심이 있었다면 그 그림물감은 참으로 가치 있게 쓰였겠지만, 돌이켜 보면 내겐 그런 것도 없었던 것 같다. 그러니 그림 그리기 대회에 나가거나 그림을 그려 상을 타고, 더구나 상급학교에 진학하는 일 따위는 전혀 생각할 수 없는 일이었다. 사정이 이렇다 보니, 미술에 관한 내 소양은 바닥이 훤히 보일 만큼 초라하기 그지없었다. 그러니 그림 앞에서 제대로 된 감상 하나 내놓는 일이 쉬운 일이겠는가?

하지만 이런 내게도 아직까지 잊히지 않은 그림이 하나 있다. 이렇게 말해 놓고 보니, 앞만 보고 치달아온 메마른 가슴 한 귀퉁이가 벌써부터 슬며시 젖어든다. 판화 작가 이철수 씨의 그림이라고 기억하고 있으나, 정확하지는 않다. 난 그 그림을 자취방 벽에 붙여두고 삶의 순간순간 눈을 맞추며 교단에 대한 꿈을 키웠었다.

전교조가 합법화되기 전 경쟁적인 입시 위주의 우리 교육에 대한 반성과 함께 참교육에 대한 열풍이 불었던 때였던 것으로 기억한다. 그 때 내가 속해 있던 동아리방 옆엔 〈소리마당〉이라는 풍물 동아리방이 있었다. 가까운 거리에 있었던지라 통성명을 하기 무섭게 가까워졌던 한 선배로부터 난 어느 날 몇 장의 판화 그림을 선물로 받았다. 그 후 다른 그림은 기억의 울타리로부터 벗어난 지 오랜데, 유독 그 판화 그림만은 오랜 시간 동안 기억의 한 공간을 배당받아 굳건하게 그 자리를 지켜오고 있었다.

자칫하면 타성에 젖을 법도 한 17년의 교단생활, 중요한 것을 잊지 않기 위해, 본의 아닌 실수를 하지 않기 위해 메모가 필요하고 중요할 만큼 차츰 무뎌져 가는 기억의 굴레 안에 그 그림은 여전히 선명한 빛깔로 살아 있다. 그리고 여전히 녹슬지 않은 탄성으로 삶의 순간순간 기억의 연못 위로 튀어 올라, 세월의 흐름 속에 차츰 무뎌져 가는 내 의식의 탄성을 팽팽하게 만들곤 하는 몇 안 되는 기억 중 하나로 자리매김하고 있다. 시야가 맑아지는 느낌으로 감았던 눈을 뜨면 어느 새 입가에 번지던 새로운 미소가 늘 좋았었다.

미색의 한지 위에 찍힌 환하게 웃고 있는 선생님, 그리고 그 선생님을 가운데 두고 강강술래라도 하듯 빙글빙글 돌고 있는 아이들의 모습이 모든 잡티를 쏟아낸 비 갠 후 하늘처럼 맑고 깨끗한 느낌을 갖게 하는 그림이었다. 교사가 아름다울 수 있는 이유가 무엇이며, 교사로서 가장 아름다운 때가 언제인가를 그 그림은 내게 말하고 있었다. 세월 앞에 장사 없다고 다른 것은 다 잊혀도 선생님과 아이들의 얼굴에 동심원처럼 번지고 있던 그 맑은 웃음만큼은 퇴색하지 않은 채 내 기억의 땅에 버젓한 번지를 차지하고 있다.

많은 사람들로부터 위대하다거나 진귀하다는 가치를 인정받고 있는 무엇이 모든 사람에게 똑같은 가치를 갖는 것은 아닐 것이다. 반대로 작고 하찮은 무엇이 어떤 사람에게는 물리적인 숫자로 표시할 수 없을 만큼의 소중한 가치를 갖기도 하는 법이다. 절대적인 잣대를 대면 우리가 가지고 있는 것들의 대부분은 그지없이 하찮은 것들이다. 그러니 이렇듯 하찮은 것들을 애지중지하며 살아가는 우리네 하루하루의 삶은 또한 얼마나 보잘것없는 것인가? 하지만 기준을 바꿔놓고 보면 남들이 가진 그 무엇보다 소중한 가치를 갖는 것은 얼마든지 있을 수 있다.

여기저기 삶의 터전을 옮겨다니면서 지금 그 그림은 잃어버렸다. 하지만 그 그림은 생각하는 것만으로도 마음의 물결이 요동칠 만큼의 힘을 여전히 가지고 있다. 그리고 초심을 잃고 휘청거리는 내

나약한 정신을 마법처럼 강하게 일으켜 세우는, 내 영혼을 맑게 지켜내는 힘을 발휘하고 있다.

멘토의 노래

I

어느 날 제자 하나가 나를 찾아왔다. '훌륭한 한국어 선생님'을 꿈꾸며, 곧 박사 과정을 시작할 아이였다. 졸업 후, 자신의 삶에 늘 최선을 다하는 모습으로 나와의 만남을 이어온 것을 나는 늘 고맙게 생각해 왔었다. 그런데 그 아이가 나와 같은 길을 가고자 하는 뜻을 가졌음을 알았을 때, 마음 속 물결이 거세게 출렁거렸던 기억이 지금도 생생하다. 그간 있었던 이런저런 이야기를 나누며 우린 그간 비워져 있던 공간을 채웠다.

해마다 쏟아져 나오는 고학력자들이 꿈을 펼칠 일자리가 부족한 만만치 않은 현실 앞에서 얼마나 힘이 들었을까? 순간순간 흔들리는 자신을 추스르고, 쓰러진 자신을 보듬어 일으켜 세우며 지금까지 왔을 그 아이의 지난날을 상상하는 마음이 짠했다. 그럼에도 불구하고 그 아이는 시종 웃음을 머금은 표정으로 그간의 이야기를 해 나갔다. 쉽지 않은 현실 속에서도 한 발 한 발 자신의 꿈을 위해 전진해 온 그 모습에서 난 그 아이의 초록빛 꿈을 보았고, 나의 막연한 기대감이 실현되어 내 앞에 나타나리라는 확신을 가지게 되었다. 그 아이의 말 한 마디 한 마디에는 주변의 많은 유혹에도 흔들리지 않고 자신의 길을 묵묵히 가고 있는 삶의 흔적이 진하게 묻어났다. 수채화 빛처럼, 수수한 빛깔의 그 삶을 물끄러미 들여다보고 있는 내내 마음밭이 촉촉이 젖는 느낌이었다.

언제 또 다시 만날 수 있을까? 그 아이는 선물이 담긴 종이봉투를 수줍은 미소와 함께 책상에 놓고 자리에서 일어섰다.

'너라면 잘해낼 수 있을 거야.'

무슨 생각을 하고 있을까? 서두르지 않는 발걸음으로 천천히 교정을 떠나던 그 아이가 시야에서 사라진 후에도 난 마음속으로 이렇게 몇 번을 되뇌었다.

퇴근 무렵 무심코 열어본 그 종이봉투 속에는 두 권의 책이 들어 있었다. 그 중의 하나는 하이타니 겐지로라는 일본 소설가의 「나는 선생님이 좋아요」라는 작품이었고, 다른 하나는 스펜서 존슨의 「멘토」라는 책이었다.

"어릴 때 읽고 선생님이 되고 싶게끔 해 주었던 책입니다. 이후, 선생님을 만나고 그 꿈은 더 커졌고요. 읽으셨겠지만, 다시 한 번 그 꿈을 가슴에 새겨보고자 이 책을 샀습니다. 처음 생각했던 것과는 다르지만, 열심히 공부해서 한국을 알릴 수 있는 좋은 한국어 선생님이 되고 싶습니다. 늘 지켜봐 주셔서 고맙습니다."

「나는 선생님이 좋아요」의 책장을 넘기자, 이 책을 준비한 그 아이의 마음이 낯익은 글씨로 전해지고 있었다. 특히, 나를 만난 이후 선생님이 되고자 하는 꿈이 커졌다는 말이 내 마음을 강하게 흔들어놓았다. 지난 17년 교단에서의 나의 모습은 어떠했는지, 나의 삶이 과연 그 아이에게 되살려질 만큼의 가치가 있는지 스스로에게 묻지 않을 수 없었다. 하지만 돌아온 건 부끄러움으로 벌겋게 달아오른 얼굴뿐이었다. 그럼에도 불구하고 나와의 만남을 마음속에 품고 살아온 그 아이의 지난 삶을 생각하니, 새삼 어깨가 무거워지고, 타성에 젖었던 나의 그간의 삶이 팽팽하게 탄성을 회복하는 것 같았다.

나는 아이들을 지도하는 교사다. 아이들은 분명 나로부터 자신의 삶의 방향을 잡아갈 그 무엇을 찾으려 할 것이다. 그런데 마치 안개 속을 헤매듯 그것이 잘 보이지 않거나 아예 그것을 찾을 수 없을 때 아이들은 실망하고, 끝내는 좌절을 겪게 될 것이다. 따라서 지금 내가 아이들에게 무엇을 주고 있으며, 나의 삶의 방식이 아이들의 눈에 어떻게 비칠까 하는 문제는 사실이나 현상 이상의 의미를 갖는다고 나는 생각한다. 내가 아이들과 만나는 순간순간을 단순히 흘려버릴 수 없는 이유가 여기에 있다.

그 후 나는 「나는 선생님이 좋아요」를 다시 한 번 읽었다. 왜냐 하면 나를 만나기 전, 선생님이 되고 싶었던 어린 시절의 그 아이를 만나보고 싶었고, 또 그 아이와 더 많은 부분을 공유하고 싶었기 때문이다.

II

늦가을 어느 날 새벽, 그 아이의 수줍은 미소와 함께 난 스펜서 존슨의 「멘토」를 만났다. 번역이 잘된 때문인지, 아니면 공감하는 부분이 많아서인지 부담 없이 읽을 수 있었다. 그리고 세 번을 반복해 읽는 동안 책의 내용들이 고스란히 내 안에 쌓이는 느낌이었다.

이 책을 통해 나는 머릿속에 흩어져 있던 피상적인 몇 가지 조각 지식을 넘어 '멘토'를 새로이 만날 수 있었다. 또한 그 의미를 새기는 동안 책을 선물한 그 아이의 마음속에 들어가 볼 수 있었고, 공유하고 있는 부분이 좀 더 많아졌다는 느낌으로 가슴이 뿌듯했었다.

고대 그리스 이타이카 왕국의 오디세우스 왕이 트로이 전쟁에 참전한 사이 그의 아들 텔레마코스를 맡아 믿음직한 그리스의 왕자로 키워낸 사람이 있었다. 그는 오디세우스 왕이 없는 사이 선생님으로서의 역할은 물론, 친구, 상담자, 그리고 아버지로서의 역할에 이르기까지 텔레마코스의 상황에 맞는 역할을 훌륭히 수행해 냈다. 그가 바로 멘토였다. 그 후로 '멘토'라는 이름은 '지혜와 신뢰로 한 사람의 인생을 이끌어 주는 지도자'라는 의미로 사용되어 왔다.

멘토는 풍부한 경험과 전문 지식을 갖추고 이끌어주는 사람을 말하고, 그로부터 지도 조언을 받는 사람은 멘티라고 부른다. 또한 멘토와 멘티가 1:1로 맺어져 교육적 효과를 극대화시키는 활동을 멘토링이라 하는데, 이 때 멘토는 자신이 가지고 있는 풍부한 경험과 지식을 바탕으로 멘티에게 조언하고, 멘티는 이를 통해 자신의 잠재력을 발견하거나 실력을 키울 수 있게 된다. 이 멘토링은 아동의 학습 능력 신장은 물론, 기업체, 종교, 예술 등 사회 다방면의 교육에 활용됨으로써 교육 효과를 극대화시키는 방안의 하나로 그 가치를 인정받고 있다.

사람이 삶을 영위하는 데 필요한 것은 많다. 에너지도 그 중 하나다. 인간은 삶의 순간순간 에너지원으로부터 에너지들을 축적하고, 주어지는 상황에 따라 그것을 적절하게 사용하며 삶을 이어간다. 멘토는 우리가 살아가는 데 필요한 에너지를 생산하고 공급하는 에너지원의 하나라 할 수 있다. 어려운 삶의 순간순간을 흔들림 없이 잡아줌은 물론, 선택의 순간순간이 올바른 것이 되게 하는 큰 힘을 멘토는 발휘한다.

그 사람이 부여하는 삶의 가치에 따라 삶을 이끌어줄 멘토는 다양하다. 부모나 교사, 또는 친구, 선배, 직장의 상사 등 자신의 삶 주변의 어느 누구든 삶의 멘토로 설정될 수 있다. 아니면 동서양의 유수한 철학자나, 흔히 위인이라고 말하는 특별한 삶의 주인공들이 멘토가 되어 삶을 이끌어 줄 수도 있다. 그런데 「멘토」의 저자 스펜서 존슨은 이에 대해 조금은 색다르게 말하고 있다. 자기 안에서 멘토를 찾으라는 것이다.

중요 시설이나 대형 건물은 외부로부터의 전기 공급에 문제가 생겼을 때, 그 건물이나 시설에 일정 시간 전기를 공급할 수 있는 자가 발전 시설을 갖추고 있다. 그래서 전기 공급이 원활치 못함으로 인해 생겨날 피해를 최소화하고 그 건물이나 시설의 기본적인 기능이 유지될 수 있도록 한다. 사람도 이와 같아서 자가 발전처럼 자기 안의 멘토를 찾아 더불어 살아 간다면 삶의 순간순간이 든든할 것이다.

스펜서 존슨은 이를 위해 1분 목표 설정, 1분 칭찬, 1분 성찰 등의 세 가지 방법을 제시하고, 이를 습관화함으로써 성공적인 삶을 향해 나아갈 수 있다고 말한다. 목표를 이룬 자신의 모습을 상상하고 그 기분을 충분히 만끽함으로써 목표 성취에 대한 적극성을 높이고, 아무리 사소한 것이라도 자신이 삶의 목표에 부합하는 생각이나 행동을 했을 때, 이를 칭찬함으로써 자신에 대한 긍정적인 기대감을 키워 감은 물론, 삶의 순간순간 목표에 부합하지 않는 생각이나 행동을 했을 때에는 그 생각이나 행동에 대해 충분히 성찰한 후 바로잡음으로써 자신에 대한 긍정적인 기대감을 잃지 않도록 해야 한다고 역설한다. 옳은 말이다.

우리는 삶 가운데 종종 갈등과 혼돈을 겪는다. 상충(相衝)되는 가치관이나 삶의 방식 가운데 하나를 선택해야 하거나, 결과가 보이지 않는 어떤 일 앞에서 그 결과를 예측하고 선택해야 하는 많은 순간들을 겪는 것이다. 어느 것이 옳은 선택인지는 오직 신만이 아는 상황에서 자신의 선택이 올바른 것이 되게 해 줄 어떤 존재와 함께 한다는 것은 그래서 행복이라 할 수 있다. 그러나 반대로 그렇지 못하다면 그 사람은 불행의 그림자에 모든 것을 내맡긴 채 방향을 잃고 헤매야만 할 것이다.

사람은 누구나 현재라는 땅 위에서 삶의 수평선 너머 미래를 예측하며 살아간다. 하지만 신이 아닌 이상 어느 누구도 그 미래를 정확히 예측해내기란 쉬운 일이 아니다. 그래서 우리는 때로 잘못된 예측을 하기도 하고, 저만치 빗겨난 결과를 원망하며 때늦은 후회로 눈물을 뿌리기도 하는 것이다.

인간의 모든 삶은 한 번뿐이다. 지나가면 다시 돌아오지 않는 삶의 순간순간을 불안과 절망 속에 보내야 한다면 그 나날들이 얼마나 큰 불행이겠는가? 좋은 멘토를 만나는 일은 일생을 좌우할 만큼 중요한 일이며, 좋은 멘토는 그 사람의 삶의 방향을 올바르게 잡고 이끌어줄 등대가 되는 것이다.

Ⅲ

주어진 상황이나 교사 개인에 따라 차이는 있겠지만, 무엇을 어떻게 교육할 것인가 하는 문제는 교사라면 누구나 해 보는 고민이 아닐까 싶다. 아이들의 학교생활 중 수업 활동이 차지하는 비중을 생각할 때, 아이들의 발달 단계에 맞는 학습 내용을 선택하고, 학습 효과를 극대화시킬 수 있는 효과적인 방법을 찾는 일은 대단히 중요하다. 특히, 같은 말도 어떻게 표현하느냐에 따라 전달 효과에 차이가 생기는 점을 감안하면, 이 중에서도 교수 방법의 문제는 더욱 중요하다고 할 수 있다.

그러나 이러한 고민은 모두 아이들의 삶을 긍정적으로 변화시켜야 함이 전제돼야 함을 교사는 잊어서는 안 된다. 삶의 긍정적인 변화를 통해 바람직한 성장을 이루어야 할 아이들에게 교사는 무엇을 해 주어야 할까? 오디세우스 왕의 아들 텔레마코스를 훌륭한 젊은이로 키워낸 멘토처럼, 교사는 결코 '가르치는 자'에만 머물러서는 안 된다. 오디세우스 왕의 아들 텔레마코스의 삶의 변화를 가능하게 한 것이 무엇일까 거듭거듭 물어야 한다.

교사가 진정 아이들의 삶을 이끌어줄 멘토가 되기 위해서는 자질을 갖추어야 하며, 그 가운데 가장 중요한 것은 교사 개인의 삶을 이끌어줄 멘토를 자기 안에 갖는 일이라고 나는 생각한다. 왜냐 하면 의도했든, 의도하지 않았든 교사는 아이들의 멘토가 될 가능성을 항상 가지고 있기 때문이다.

교사가 아이들에게 전수하는 지식은 빙산의 일각에 지나지 않는다. 그 지식과 함께, 또는 그것과는 별도로 전달되는 무엇을 더 중요하게 생각해야 한다. 교사의 삶의 모습 하나하나가 아이들의 눈을 통해 그들 안에 쌓인다는 사실을 교사는 한시도 잊어서는 안 되며, 자기 안의 멘토를 만나 삶이 흔들리거나 쓰러지지 않도록 늘 노력해야 한다. 왜냐 하면 교육은 한 사람을 최상의 삶의 조건을 가진 존재로 창조해내야 하는 가장 가치 있고 신성한 사업이기 때문이다.

IV

교사로서 나는 부족하다. 아이들 앞에 서는 순간순간을 위해 늘 뛰어야 할 만큼 많이 부족하다. 그래서 내가 나를 바라보는 많은 아이들의 가슴과 머리에 무엇을, 그리고 그것을 얼마나 많이 담아 줄 수 있을까 생각하면 두려워지곤 한다. 하지만 그래도 순간순간 용기를 내 하루하루 최선을 다할 수 있는 건 적어도 나를 따라오고 있는 아이들이 있을 것이라는 생각 때문이다. 그 아이처럼 말이다.

휴대폰의 진동이 울렸다. 그 아이였다. 집으로 돌아가는 버스 안에서 갑자기 생각나 전화를 했다고 했다. 이제 삶을 함께 이야기해도 좋을 만큼 성장한 그 아이의 목소리가 가슴을 울리고 있었다. 내 안에 이미 멘토가 되어 자리하고 있기 때문일까? 마음이 든든했다. 그러고 보니 그 목소리가 전에 비해 더욱 가깝게 들리는 것 같았다. 나이가 뭐 그리 중요한가? 사제지간이라는 관계도 중요하지 않다. 왜냐 하면 내 안에 살아나야 할 가치를 지니고 있다면, 그가 누구든 적어도 그는 이미 나의 멘토가 될 자격이 있다고 생각하기 때문이다.

솔밭

그 때까지 그곳은 내게 그리 특별한 곳은 아니었다. 하지만 언제부턴가 그곳에 들어서면 그렇게 마음이 편안할 수가 없었다. 뜻대로 되지 않는 현실 앞에 흥분돼 있던 감정도, 괴로움으로 거세게 출렁거리던 마음도 그곳에선 훈풍에 눈 녹듯 스러졌다. 이른 봄, 볏짚 낟가리에 등대고 앉으면 몸 구석구석을 파고들어 동장군에 지친 몸을 어루만져 주던 봄볕처럼, 그곳은 내 마음 곳곳을 두루 어루만져 주었다.

솔밭. 지나가던 바람이 언제나 걸음을 접고 다리쉼하던 곳이었다. 내가 찾아가면 언제든 조건을 가리지 않고 받아주는, 나를 향해 열린 가슴이었다. 그래서 그곳은 내게 '소나무가 많이 들어서 있는 땅' 이상의 의미를 갖게 되었고, 전설의 연못 속에 묻힌 지금도 그 의미만큼은 퇴색하지 않았다. 몇 평 되지 않는 그 땅 덕분에 난 늘 꿈을 꾸며 살 수 있었다.

고향집을 생각할 때마다 그리움으로 클로즈업되곤 하는 영상들이 있다. 개발로 인해 지금은 많은 것이 전설의 연못 속으로 모습을 감추었다. 더러는 삶의 순간순간 불현듯 수면으로 고개를 내밀기도 하지만, 대부분은 기억을 더듬는 약간의 수고를 들여야 만날 수 있는 것들이다. 하지만 기억의 부름이 있을 때면 언제든 수면 위로 헤엄쳐 나오는 수고를 그들은 마다하지 않는다.

내가 자란 고향집 앞엔 솔밭이 있었다. 지금은 고향집과 함께 전설의 연못 속으로 모습을 감추었지만, 고향집을 생각할 때면 수면 위로 앞장서 고개를 내미는 그리운 영상 중의 하나다. 푹신한 솔밭 위를 놀이터 삼아 마구 뒹굴어도, 바람을 따라 소나무 사이를 정신 없이 뛰어다닐 때도 솔밭은 마음씨 좋은 할아버지처럼 너그럽기만 했다.

판자를 되는 대로 박아 만든 대문을 밀고 나서면 논밭과 인접한 조그마한 마당이다. 소 오줌 삭은 냄새에 잠시 코를 맡기며 외양간 벽을 끼고 오른쪽으로 모퉁이를 돌아서면 오른쪽은 부추나 파 따위를 심던 조그만 밭이요, 왼쪽은 배추나 무, 고추 등을 심어 먹던 밭이다. 밭 사이 소로(小路)를 10m쯤 따라가면 소로 끝 왼편에 개나리를 시동(侍童) 삼아 내세운 솔밭이 대웅전 돌부처처럼 의젓하게 앉아 있다.

솔밭에 들어서면 죽죽 뻗은 소나무들이 양옆으로 도열해 서 있고, 가운데로는 묘석 한 기(基)도 세우지 못한 조상님의 묘가 위아래 둘. 솔밭은 약 15°쯤 아래로 경사가 져 있다. 열병하듯 솔밭을 걸어 내려가면 솔밭은 이내 또 다른 소로로 이어진다. 이 소로 끝에 도랑이 흐르고, 세월의 무게 아래 많이도 삭은 통나무다리를 통해 이 도랑을 건너면 넓게 펼쳐진 논을 끼고 제법 긴 소로가 이웃 마을을 향해 달려가고 있다.

솔밭은 중학교 이후 성장기의 내가 줄곧 다른 세상과 만나오던 곳이다. 초등학교는 솔밭이 있는 곳과 방향이 달랐다. 그래서 솔밭은 자주 가지 않는 길이었다. 마당을 통과해 좁은 논길로 방향을 잡으면 당숙 댁 마당으로 이어졌다. 난 이 길을 따라가 친구들을 만났고, 고사 지낸 떡을 돌리는 심부름을 다녔으며, 학교에 다녔다. 그러나 초등학교를 졸업하면서 이 길엔 잡초가 생기기 시작했고, 예전의 낯익음이 조금씩 상쇄(相殺)돼 갔다. 그리고 끝내 특별한 일이 있을 때나 가끔씩 오가는 길이 돼 버렸다.

성장기 내내 난 이 솔밭을 자주 찾았다. 그럴 때마다 솔밭은 아무런 조건 없이 자기 자리를 비워 주었고, 데리고 있던 바람을 시켜 신열(辛熱)을 잠재워 줌은 물론, 아픔이 사그라질 때까지 삶에 지친 등을 쓸어 주었다. 단 한 번도 이렇게 해라, 저렇게 해라 채근(採根)하지 않고 인자한 미소로 기다려 준 덕에 난 두려웠던 그 강을 무사히 건널 수 있었다.

솔밭은 마치 거대한 현악기와도 같았다. 바람을 활 삼아 계절마다 다른 그만의 독특한 음악을 연주하곤 했다. 그 음악에 취해 소나무를 어루만지다가 눈두덩에 어른거리는 그림자에 문득 눈을 뜨면 솔잎 사이로 뭉게구름 한 덩이가 나를 엿보고 있다가 곁눈질하며 흘러가곤 했다. 자리를 털고 일어서면 생울타리를 두른 내 고향집이 꿈인 듯 아련히 눈에 들어왔다.

물을 끌어올리기 위해 마중물을 부어가며 펌프질을 하다가, 생울타리 너머 솔밭을 무심코 바라보는 마음이 난 늘 든든했었다. 그 든든한 품에 안겨 책을 읽는 동안 난 마음이 살쪘고, 그 길을 거닐며 생각하는 동안 머리가 익어갔다. 소리 없이 떨어져 쌓이는 솔잎의 두께만큼, 아니 그것이 썩어 나이테에 쌓이는 모습을 보면서 난 한 살 한 살 나이를 먹었다.

학교에 지각하지 않으려면 아침 버스를 타야 한다. 큰길을 향해 논길을 정신없이 달린다. 코끝이 매운 찬바람에도 몸은 후끈거리고, 이마엔 어느 새 땀이 맺힌다. 놓치면 지각이다. 손끝에 매달린 가방은 왜 이리 무거울까? 걷고 싶다. 멈추고 싶다. 하지만 저 멀리 버스가 산모퉁이를 돌아서고 있다. 난 내쳐 달린다. 간신히 버스에 올라 숨을 돌릴 때, 나를 향해 돌아앉은 솔밭이 저 멀리서 손을 흔들고 있다.

술에 취해 돌아오는 날이면 난 종종 집 앞 놀이터를 찾는다. 벤치에 누워 알코올 기(氣)로 홍분된 몸을 쉬고 있노라면 솔밭은 별빛과 함께 가끔씩 나를 찾아오곤 한다. 바쁜 일상사에 쫓겨 그만 여유를 잃었다가 오랜만에 그곳을 찾은 어떤 날은 눈물과 함께 가슴에 담고 돌아오기도 한다. 눈에는 별빛을 담고, 가슴에는 솔밭을 품은 채 누워 있노라면 가슴 한복판에서부터 동그라미를 그리며 번지는 따스한 느낌에 어느 새 눈이 맑아지고 술이 깨곤 한다.

눈을 감으면 금방이라도 달려와 줄 것 같은데, 지금 소나무는 뿌리째 허공에 둥둥 떠 있다. 뿌리 내릴 한 평의 땅조차 허락받지 못한 소나무의 모습에 일순간 눈물이 몰린다. 찡해지는 코끝을 감싸 쥐며 먼 하늘로 눈길을 던진다. 하지만 끝내 볼을 타고 흐르는 눈물을 어쩔 수가 없었다.

마중물

I

마중물을 아는가?

말이란 그것이 나타내고자 하는 대상의 양상에 따라 그것을 표현하는 새로운 것이 탄생하기도 하고, 쓰이던 것이 쓰이지 않기도 하며, 급기야는 허공을 표류(漂流)하는 먼지처럼 의미를 상실하고 사라져 버리기도 한다. 이런 점을 생각하면, 이 마중물이라는 말은 나이가 어린 세대에게는 생소하게 들릴 수도 있는 말일 듯싶다. 하지만 적어도 펌프로 물을 끌어올려본 경험을 가지고 있는 사람이라면 "아, 그거!" 할 수 있는 말이다. 나아가 잠시나마 향수(鄕愁)에 젖어 그 말이 환기(喚起)시키는 경험이나 분위기, 의미 등을 생각해 보며 콧날이 시큰해지는 사람도 있을 수 있다.

마중물은 펌프에서 물이 잘 나오지 않을 때, 지하의 물을 끌어올리기 위해 펌프에 붓는 물을 말한다. 언뜻 보기엔 가능한 일일까 싶지만, 이 소량의 물은 지하에 흐르는 물줄기를 지상으로 끌어올리는 엄청난 힘을 발휘한다. 흔히 경제학에서 말하는 '마중물 효과(pump effect)'라는 것도 원리에 있어서는 같다. 경기 불황이 지속될 때 정부는 경제 활동에 자극을 주기 위해 일시적으로 지출을 늘린다. 물을 끌어올리기 위해 마중물을 붓는 것과 같다. 그러면 그 후에는 이러한 자극이 없어도 경제가 원활하게 돌아간다는 것이다. 대공황기인 1935년 미국의 루즈벨트 대통령이 경제 불황을 극복하기 위해 실시한 대대적인 공공사업들도 이 '마중물 효과(pump effect)'의 전형적인 예라 할 수 있다.

성급하게 말하면 불필요하게 없어지는 것 같은 작은 투자 속에 양상을 변화시키고 흐름을 역전시키는 실로 엄청난 창조적인 힘이 내재해 있는 것이다.

II

내 고향집 뒤뜰엔 펌프로 물을 끌어올리는 우물이 있었다.

펌프 손잡이를 누를 때마다 시원하게 쏟아지던 물소리, 시간이 지나면 꾸르륵— 쉬익, 물 빠지던 소리, 척, 척, 척, 척 어머니의 빨래 방망이 두드리는 소리, 우물을 둘러싸고 있던 생나무 울타리, 빨랫줄 위에 날개 접고 앉아 오수(午睡)에 빠진 잠자리, 산새들의 방문이 끊이지 않던 우물가 배나무, 텃밭 둔덕 위 야산을 지키던 키 큰 밤나무가 물끄러미 내려다보고 있는 풍경…….

이 우물이 생기기 전 어머닌 집 근처 야산 밑에 솟는 샘물을 길어 나르기 위해 물지게를 지셔야만 했다. 하지만 우물이 생기면서 어머닌 더 이상 물지게를 지지 않으셔도 되었다. 물지게는 그 대신 마치 풍경(風磬)처럼 벽에 걸린 채 세월 속에 던져져 낡아 가다가 모르는 사이 기억의 저편으로 훌쩍 떠나버렸다. 지금은 오지(奧地) 마을에 가서나, 흑백 사진 속에서나 가끔 만날 수 있을까? 그러나 그 때는 일상이었던 이 모든 것이 아, 한없이 그립기만 하다.

수맥(水脈)을 찾아 땅을 파 들어가기를 얼마나 했을까? 어린 나를 빨아들일 것 같은 어지럼증이 느껴질 만큼 엄청난 깊이로 파 들어갔을 때 땅 밑에서 조금씩 물이 배 나오기 시작했고, 이윽고 땅을 파고 있던 아저씨의 장화가 물속에 잠기기 시작했다. 어지럽고, 다리가 후들거리는 두려움을 무릅쓰고 한동안 들여다보고 있을 만큼 그 광경은 내겐 마냥 신기하기만 했다. 그리고 땅 밑에도 물이 흐르고 있음을 난 새로이 알게 되었다.

파이프를 묻어 물을 끌어올릴 길을 만들고, 이 파이프에 펌프를 연결했다. 그리고 몇 번의 펌프질 끝에 누런 흙탕물이 쏟아져 나올 때 어머니와 나를 비롯해 지켜보고 있던 사람들은 환성을 질렀다. 펌프질을 반복하자 어느 새 물이 맑아지고 있다는 느낌이 들었고, 얼마 후 먹어도 좋을 만큼의 맑은 물이 펌프를 통해 흘러나왔다. 우리 집이 다른 집들처럼 우물 하나를 가질 수 있게 된 순간이었다.

어느 날 더러워진 손을 씻기 위해 난 뒤뜰의 우물가에 갔다. 그런데 평상시 같으면 급히 쓸 물을 받아 두었던 커다란 플라스틱 그릇에 받아놓은 물이 없었다. 그래서 난 물을 푸기 위해 펌프질을 했다. 하지만 헛손질이었다. 펌프 안에 남아 있어야 할 물이 없었던 것이다. 그래서 어머니에게 도움을 청할 수밖에 없었다. 어머니는 가마솥에서 양동이 반 정도의 물을 퍼 담아 바가지와 함께 가지고 나오셨다.

"이건 마중물이야. 땅 속에 있는 물 마중하러 가는 물이지."

난데없이 펌프에 물을 부으며 요란하게 펌프질을 하시는 어머니께 영문을 몰라 물었을 때 어머닌 이렇게 말씀하셨다.

'마중물? 물을 마중한다고?'

물은 왜 부으며, 물도 나오지 않는 펌프질은 왜 힘들게 하는지 그 때의 나는 쉬이 이해되지 않았다. 어머니는 펌프에 물을 몇 번 더 부으며 헛펌프질을 계속하셨다. 적어도 내겐 그렇게 보였다. 하지만 그건 헛펌프질이 아니었다. 신기한 일이었다. 몇 번의 헛펌프질 끝에 이윽고 펌프가 물을 쏟아내기 시작했던 것이다. 과학적인 원리야 잘 몰랐지만, 그 후로 그렇게 하면 물이 나온다는 것쯤은, 그리고 물을 끌어올리기 위해 붓는 물을 마중물이라 한다는 것쯤은 알게 되었다. 손잡이를 통해 손끝에 전해지던 묵직한 느낌으로 마중물은 아직도 내 기억 속에 각인(刻印)되어 있다.

III

올 겨울 방학을 맞아 난 대전선거관리위원회에서 주관한 민주 시민 교육 과정 직무 연수를 받았다. 나이를 먹어 갈수록 타성(惰性)에 젖어 가는 것 같은 자신을 추스르기 위해 연수를 받기로 결심한 이후 세 번째 연수였다. 매번 그렇지만 이번 연수도 부담이 되기는 마찬가지였다. 아는 사람과 함께라면 부담감이 조금은 덜했겠지만, 생면부지(生面不知)의 사람들과 사귀고, 함께 무엇인가를 만들어 가야 하는 일이 쉬운 일은 아니었다.

하지만 연수가 진행될수록 난 '참 짜임새 있고 유익한 연수구나.', '연수 선택을 잘했구나.' 하는 느낌을 갖게 되었다. 내실 있는 프로그램 구성은 물론, 연수를 주관한 선거관리위원회의 치밀한 준비와 진행, 그리고 개성적인 교수법은 물론, 자기 수업에 대한 자부심과 열정으로 무장한 교수진 등 어느 것 하나 소홀함이 없는 연수였다는 생각이 든다.

이 연수의 주제는 '변화'였다. 교육에 대한 기존의 인식과 교수법, 생활 지도, 상담, 독서 지도 등 학교 현장에서 부딪히는 문제들을 되돌아봄은 물론, 기존의 사고나 방식들에서 탈피해 보고자 하는 데 목적이 있었다. 전체적인 교육 프로그램의 구성은 물론, 교수진, 교수법, 피교육자 등의 교수 관련 사항에 이르기까지 모든 것이 '변화'라는 공감대를 중심으로 이루어져서인지, 5일이라는 짧은 시간에도 불구하고 그간의 교육 문제에 대해 많은 것을 고민하고 다른 교사들과 그 결과를 공유할 수 있었던 소중한 시간이었다.

특히, 지금의 교육 현실에서 교사는 어떤 역할을 담당해야 하는가에 대해 이야기하던 한 강사의 말은 나로 하여금 그 강의에 심취하게 했다. 그 속에 난 교사로서의 지난 날 나의 부끄러운 자화상을 발견하기도 했고, 거세게 출렁거리는 마음 속 물결을 느끼며 눈시울이 뜨거워지기도 했다.

"마중물을 아세요?"

강의가 본론에 접어들어 시간이 꽤 경과했을 무렵 화면을 통해 제시된 문구다. 참 오랜만이었다. 어머니로부터 처음 들었던 그 날 이후 옛 고향집에 사는 동안 한 번도 입에 올려 보지 못했으니, 우물대신 수도를 사용하던 이사 후는 더 말할 것도 없었다. 그런데 그 말을 그 때 다시 듣게 된 것이다. 막혔던 귀가 열리는 것 같은 반가움과 기쁨으로 화면을 응시하며, 난 그 속에 담으려고 한 강사의 메시지를 더듬었다. 강사는 의미심장한 미소 외에 어떤 말도 하지 않았고, 화면은 다음 장면으로 넘어갔다. 하지만 그 짧은 시간에도 가슴 속은 요동을 쳤다.

교육은 무엇인가? 그리고 그 한 축을 담당하고 있는 교사는 무엇을 해야 하는가? 그 강사가 굳이 말로써 표현하지 않은 그것은 바로 이 질문에 대한 답이었을 것이다. 마중물 같은 교육, 마중물 같은 교사. 그렇다! 이렇게 마음속으로 대답하고, 이에 동의하자, '그렇다면 교사로서 지난 16년간 너는 무엇을 했는가?' 묻는 듯한 저항을 가슴은 소리 없이 감내해야만 했다.

교육이라는 미명하에 시도한 나의 어설픈 가지치기가 열매조차 제대로 맺지 못하는 쓸모없는 나무를 만들진 않았는가? 아이들 내부에 잠재된 능력들을 계발하기 위한 노력보다 눈에 보이는 현상들에 눈이 멀어 아등바등하지는 않았는가? 나의 무능은 애써 외면한 채 부정적인 기대로 아이들을 좌절하게 하지는 않았는가? 이런저런 생각을 하는 사이 머릿속은 어느 새 아이들의 슬픈 얼굴로 꽉 채워졌고, 터질 것 같은 느낌이 끝내 눈물을 밀어 올렸다.

IV

누구든 그렇지 않을까마는, 내 머릿속의 남루하고 초라한 지식에 새로운 옷이 입혀지는 순간은 언제나, 기다림 끝에 설빔을 입던 어린 시절의 그 날처럼 막혔던 숨이 트이고, 오랫동안 시야를 가리고 있던 장막을 걷어낸 것 같은 느낌을 갖게 한다. 어린 시절 그 때로 끝나버렸을지도 모를 이 마중물이 30여 년의 공백을 메우며 내 삶에 다시 살아난 이유는 뭘까? 그것은 아마도 아이들을 가르치는 교사로서의 내게 주어진 소명(召命) 때문은 아닐까?

동토(凍土)의 땅에 다시금 훈풍(薰風)이 불고 봄이 오는 것은 그것을 바라는 사람들의 바람 때문이리라. 지난 시간에 대한 후회와 부끄러움으로 스산해진 마음 한 귀퉁이가 지금은 서서히 온기를 회복하고 있음도, 어쩌면 30여 년의 공백을 메우며 이어진 인연의 실오리 위에 아이들의 얼굴을 조심스레 얹어 보는 마음 때문은 아닐는지…….

이발

또, 한 달의 시간이 흘러갔나 보다.

나이 40엔 40km, 50엔 50km, 60엔 60km……. 물리적인 시간은 같아도 흘러가는 속도에 대한 느낌이 나이에 따라 달라진다고 하더니, 40을 넘어 한 해 두 해 시간이 흘러갈수록 이 사실은 거부할 수 없는 진실처럼 뇌리에 새겨지곤 한다. 또한 미용사에게 이렇게, 지난 한 달 동안의 삶에 지친 머리칼을 맡기고 있노라면 바쁜 생활 속에 겨울잠 자듯 침잠(沈潛)해 있던 이런저런 생각들이 코브라처럼 고개를 빳빳이 쳐드는 것이다.

규칙적으로 반복되는 미용사의 가위질에 모든 것을 맡긴 채 앉아 있노라면, 맞은편 거울이 마치 최면이라도 걸 듯 서서히 흐느적거리기 시작한다. 그쯤 되면 그간의 삶의 피곤이 한꺼번에 눈꺼풀에 몰려 온 신경을 집중해 들어 올려도 쉽지가 않다. 잰 손놀림의 가위질이 위험할 뿐더러 내가 졸면 가위질을 해야 하는 미용사가 불편하기도 하겠기에 졸지 않으려고 애쓰다가 문득 깨어나면 한 달 전의 나의 모습을 닮은 나의 얼굴이 조금은 낯설어진 얼굴로 거울 속에서 물끄러미 나를 내다보곤 한다.

나는 평균 한 달에 한 번 정도 이발을 한다. 마치 미로(迷路) 찾기에 익숙해진 실험용 쥐처럼 한 달 단위의 이발 주기가 어느 새 습관이 되어서인지 이발할 무렵의 몸과 마음은 터지기 일보 직전의 풍선처럼, 소화 기능을 제대로 수행하기 어려울 만큼 음식물과 가스로 꽉 찬 뱃속처럼 포화 상태가 된다. 그렇다고 해서 삶이라는 것이 모든 것을 되는 대로 터뜨리면서 살 수는 없는 일 아닌가. 터질 것 같으면 적당한 시점에서 바람을 빼야 하는 것이다. 조절이 필요하다는 얘기다.

비듬도 없는 머리가 가렵기도 하고, 바람에 날려 이마를 스치는 머리칼이 신경에 거슬리기 시작하고, 그래서 몇 번씩 머리를 쓸어 넘겨야 하는 수고가 그 무렵이면 서서히 싫어지기 시작한다. 마치 군대 시절 유격 훈련의 한 과정으로 피해 갈 수 없었던, 가스 실습실의 기억하기 싫은 호흡 곤란처럼 답답한 머릿속에 마치 이(蝨)라도 있어서 스멀스멀 기어다니듯 땀까지 흐르는 상황이 되면 어느새 마음속엔 짜증이 해일처럼 밀려온다. 이쯤 되면 퇴근길 차에서 내린 발걸음은 집을 향하는 대신 미용실이 있는 쪽으로 방향을 잡곤 한다.

나의 머리칼은 특이하다. 우선 머리카락 한 올의 굵기가 보통 사람에 비해 굵고 쉬이 구부러지지 않아 가르마도 잘 타지지 않는 전형적인 직모(直毛)다. 더군다나 옆머리는 더 심해서 머릿결이 수그러들 줄 모르고 옆으로 뻗치기만 한다. 그래서 잠을 자고 나면 머리엔 원치 않는 새집이 지어지곤 해 머리를 감지 않고는 가까운 곳의 외출을 하기도 곤란하다. 그래서 이발소나 미용실을 바꿔야 할 상황이 되면 은근히 짜증이 난다. 왜냐 하면 내 머리의 특성과 원하는 머리에 대한 설명을 또 해야 하기 때문이다. 다행히 눈치 빠른 미용사라도 만나면 이런 수고를 많이 덜 수 있지만, 초보 수준의 미용사를 만나면 여간 불편한 것이 아니다. 그래서 보다 못한 원장이 대신 머리를 깎아 준 적도 있었다.

예전 같으면 남자는 이발소에서, 여자는 미용실에서 머리 손질을 하는 것이 당연한 것으로 인식됐었다. 하지만 이발소와 미용실을 사이에 둔 이와 같은 남녀의 구별은 이제 더 이상 용납되지 않는 세상이 됐다. 영업권 문제로 이용업계와 미용업계 사이에 알력(軋轢)이 없었던 것은 아니지만, 어쨌든 남자들의 상당수가 미용실을 찾아 머리를 깎는 세상이 됐다. 더군다나 요즘엔 남자들만 이용하는 미용실도 있을 만큼 남자들에게 미용실 출입은 자연스러운 것이 됐다.

호동에서 둔산으로 이사했을 때, 우리 동네 상가엔 작은 미용실이 하나 있었다. 간혹 젊은 미용사가 원장을 돕기도 했지만, 주로 원장 혼자 영업하는 규모가 작고 허름한 미용실이었다. 아내는 이 미용실에서 아이들 머리를 손질하게 했었다. 하지만 난 그 미용실을 이용하지 않았다. 왜냐 하면 고지식하고, 주변 사람들의 눈을 많이 의식하는 내 성격 때문이기도 했지만, 그 무렵 우리 동네엔 굳이 그 미용실이 아니라도 내 머리를 맡아 줄 작은 이발소가 하나 있었기 때문이다. 이용료는 미용실보다 1,000원 정도 비쌌지만, 미용실보다는 왠지 마음이 편했다. 상가의 한 귀퉁이를 차지하고 앉은 허름한 공간이지만, 노(老) 이발사는 이발하는 동안 간간이 입담을 던지곤 했다. 그리 특별할 것 없는, 세상살이의 시시콜콜한 이야기를 담은 어눌한 입담에 사람 사는 정을 느끼는 덤도 있었다. 집에서 가까운 미용실을 놔두고 굳이 다리품을 팔아가며 이 이발소를 이용한 이유가 여기에 있다.

하지만 오랫동안 인연을 이어오던 어느 날 이발을 위해 그곳에 들렀을 때, 굳게 잠긴 문에 '사정상 당분간 이발 못함.'이라 적은 노인의 서툰 글씨가 나를 기다리고 있었다. 유리문 너머로 불 꺼진 이발소 안을 들여다보는 마음이 스산했다. 머리를 깎을 수 없게 됐다는 생각 때문일까? 쏟아지는 뙤약볕에 머릿속은 찜통이 되어 땀을 줄줄 쏟아내고 있었다. 난 내키지는 않았지만, 머릿속의 반란에 몰려 결국 집 앞 미용실을 찾을 수밖에 없었다. 그리고 낯선 미용사의 낯선 손놀림에 머리를 맡기고 불편한 시간을 감내해야만 했다.

다시 한 달이 지나 머리를 깎아야 할 상황이 됐을 때, '지금쯤은 열었을까?' 하는 생각으로 다시 그 이발소에 들러 보았지만, 헛걸음이었다. '사정상'이라고 해 놓고 여전히 그 사정은 말하지 않는 노인의 굳게 닫은 입처럼 자물통이 굳게 채워진 문이 나를 더 강하게 밀어내고 있었다. 자식들 모두 키워놓고 소일(消日) 삼아 다시 일을 시작했으나, 몸이 안 좋아져 이발소를 내놓았다는 후문(後聞)만을 남긴 채 그 이발소와 노인은 나와의 인연을 마감했다. 가끔씩 들려주곤 하던 노인의 어눌한 입담도 이제는 들을 수 없다는, 그동안 고마웠다는 인사 한 마디 건네지 못했다는 아쉬움이 돌아서 미용실을 찾아가는 내내 발걸음을 무겁게 했었다.

동네에 생긴 남성 전문 미용실에 다닌 지도 이젠 시간이 꽤 됐다. 말로만 듣던 남자 미용사에 대한 부질없는 선입견도 이제는 많이 상쇄(相殺)됐다. 이젠 특이한 내 머리에 익숙해져 특별한 설명을 하지 않아도 앉으면 척척 잘도 자른다. 미진한 부분까지 세심하게 손보는 여유도 생겼다. 거울 너머 이발에 열중하고 있는 미용사의 얼굴에 묻어 있는 미소를 보는 것도 이젠 흐뭇하기까지 하다.

'싹둑, 싹둑, 싹둑,…….'

그의 익숙한 손놀림이 내 지난 한 달의 시간을 또, 잘라낸다. 바빠서 눈코 뜰 새 없었던, 사랑하는 이의 얼굴을 들여다볼 여유조차 만들지 못했던 초라한 내 모습이 가위질 한 번에 여지없이 잘려나간다. 불필요한 오해와 갈등 속에 심적으로 견뎌내기 어려웠던 순간이 또 한 번의 가위질에 잘려 바닥에 떨어진다. 마주하기조차 싫었던 사람을 억지로 마주할 수밖에 없었던 괴로운 순간도 한 번의 가위질에 툭, 저만치 바닥으로 떨어져 내린다. 순간 내 눈에 눈물이 맺힘을 느낀다.

기억하기 싫은 삶의 흔적은 지우려고 한들 지울 수 없는 것이요, 오히려 온전히 짊어져야 할 내 삶의 무게임을 나는 안다. 하지만 비우지 않으면 채울 수 없음도, 그 무엇을 통해서든 적당히 비우고 가야 하는 것이 우리네 삶인지 모른다. 이발은 내게 이런 것이다.

어느 날이었다. 미용사의 가위질이 잔손질 단계에 접어들고, 규칙적으로 반복되는 손놀림에 비몽사몽(非夢似夢) 헤매고 있을 때,

"지난 한 달 네 삶에 책임질 수 있어?"

하는 말소리가 강하게 귓전을 때렸다. 놀라 바라본 거울 속에 낯선 얼굴이 물끄러미 나를 내다보고 있었고, "피곤하신가 봐요." 한마디 건네며 가위질을 멈춘 미용사가 빙그레 웃고 있었다.

그 날 이후 난 미용사의 가위질에 잘려나가는 머리칼을 내려다보며 지난 한 달 간의 내 삶을 돌이켜 반성하곤 한다. 내 슬픔으로 인해 타인의 더 큰 슬픔을 외면하지는 않았는지, 내 기쁨으로 인해 타인에게 상처를 주지는 않았는지, 눈에 보이는 현상만으로 상황을 판단해 불필요한 오해와 갈등을 만들지는 않았는지……. 내려놓고 가야 할 부질없는 짐들을 내려놓듯 마음으로 듣는 가위질 한 번 한 번이 그래서 지금 내겐 신성하기까지 하다. 손끝에 느껴지는 낯선 느낌으로 머리를 감고 말리는 사이 눈은 어느덧 낯선 얼굴 구석구석을 훑으며 새로운 한 달을 위한 의지를 다진다.

안녕히 가시라는 미용사의 웃음 묻은 인사를 받으며 미용실문을 밀고 나서면 파란 하늘이 인자한 웃음으로 눈앞에 와 있다. 오후의 햇살과 뭉게구름이 다투며 뒤따라 내려온다. 마치 어린아이가 그린 그림 같다. 집을 향해 발길을 뗄 때 문구점 모퉁이를 돌면 횡단보도 건너편에 다시금 새로이 살아내야 할 한 달의 시간이 조바심 없이 나를 기다리고 있었다.

새벽

그 때까지 내게 새벽은 늘 빛과 함께 밝아오는 어떤 것이었다. 하지만 언제부턴가 새벽잠의 끝에 자리하기 시작한 '그 소리'는 새벽이 빛으로만 밝아오는 것은 아님을 깨닫게 했고, 많은 시간이 흐른 지금까지도 오히려 빛보다 강하게 나의 새벽을 지배하고 있다. 무엇인지 형체는 분명치 않았지만, 특별한 메시지 없이 귓전을 맴돌던 그 소리는 어느 순간 내 어린 영혼의 중심을 파고들었다.

세상을 살아가다 보면 무의미하게 의식의 밖을 떠돌던 무엇이 어느 순간 의식의 한 공간을 차지하고 들어올 때가 있다. 성장기 나의 새벽에 존재하던 그 소리도 그랬다. 이전에는 들리지 않던 그 소리가 왜 그 때 들리게 됐는지는 알 수 없다. 다만, 그 소리가 들리기 시작하면서 내 삶에 작은 변화가 생기기 시작했던 것만은 또렷하게 기억하고 있다.

울타리가 외부의 시선을 가려주고 있을 뿐 부엌문조차 없었고, 비가 오는 날이면 처마 끝에서 떨어지는 빗물이 튀어 들어오기 일쑤였다. 어떤 때는 빗물이 아궁이 속은 물론 아궁이 앞 흙바닥까지 점령해 불이라도 들이려면 그 물을 퍼내야 하는 수고를 들여야만 했다. 쇠죽을 끓이기 위해 무쇠솥을 건 아궁이 하나와, 장작 등의 땔감을 쟁여두는 나뭇간이 전부인 초라하기 그지없는, 어쩌면 부엌이라고 말할 수도 없는 곳이었지만, 그래도 성장기 나의 일상이 고스란히 살아 있는 곳이기에 내 기억 속엔 아직도 특별한 공간으로 살아 있다. 특별할 것 없는 일상이라도 그 일상을 통해 지금의 '나'가 만들어졌음을 생각하면 어느 것 하나 소중하지 않은 것이 있으랴.

오랫동안 다른 사람에게 세(貰)를 주었던 건넌방이 내 차지가 된 것은 아마도 중학교에 입학하면서부터가 아니었나 싶다. 그런데 그 방은 누워 있으면 코가 시려 빨개질 만큼 외풍이 심했다. 그래서 저녁나절 쇠죽을 끓일 겸 불을 때 데워 놓은 온돌이 쉬이 차가워져 그 온기를 조금이라도 오래 남기려면 아예 요를 두껍게 깔고 두꺼운 이불을 덮어 두어야 했다. 그 부엌은 이 건넌방과 아궁이 하나로 연결된 공간이었다.

"스르르르릉."

겨울 새벽바람이 춥다. 마른기침 소리와 함께 아버지가 무쇠솥 뚜껑을 여신다. 미리 썰어 준비해 둔 여물 한 삼태기를 적당한 양의 물과 함께 솥에 붓고, 아궁이에 불쏘시개를 넣어 성냥을 긋고는 삭정이를 대충 잘라 아궁이에 넣는다. 이따금 '탁, 탁.' 땔감이 타면서 내는 소리와 삭정이 꺾는 소리에 귀를 맡기고 있노라면 등이 서서히 따뜻해지고, 새벽 추위에 시달린 몸도 어느덧 풀려 버린다.

"스르르르룽."

솥뚜껑이 두 번째 열린다. 하얀 김이 일순간 온 얼굴에 달려든다. 사료나 밀기울, 쌀겨 등을 뿌리고, 골고루 익도록 갈고리 모양의 도구로 안에서부터 뒤집은 후 다시 뚜껑을 닫는다. 약간의 불을 더 땐 후 땔감 들이기를 중지하면 쇠죽은 소가 먹기 좋을 만큼 알맞게 익는다.

"스르르르룽."

솥뚜껑이 세 번째 열린다. 사료와 함께 익은 쇠죽의 구수한 냄새가 건넌방과 연결된 창문을 통해 새 들어온다. 점심먹이를 남기고 함지박에 퍼 옮겨 구유에 부어주면 외양간의 소는 잘도 먹으며 살을 불린다.

보통의 농가가 그러하듯 그 당시 우리 집도 소를 키우고 있었다. 더러는 길들이고 가르쳐 논이나 밭을 가는 데 쓰기도 했다. 그래서일까? 아버진 언제나 새벽부터 이렇게 집짐승들의 끼니부터 챙기곤 하셨다. 이렇게 솥뚜껑 여는 소리로 새벽을 맞으며 아버지의 일거수일투족을 상상해 보는 사이 잠은 이미 저만큼 달아나 버리곤 했다.

그러던 어느 날 그 소리는 또 다른 의미를 함축하며 새벽길을 걸어 조용히 내 귓전을 찾아왔다. 그 때의 소리엔 아직 뜨지 않은 태양도 따라왔고, 어둠과 밀회(密會)를 즐기던 새벽안개도 따라왔다. 어느 가을엔 뒷동산의 알밤 떨어지는 소리도 데리고 왔고, 한겨울엔 내리는 눈을 따라 지상을 찾아오는 천상의 소식을 마중하거나 밤사이 내린 눈을 밟고 가는 달빛의 발자국 소리도 데리고 왔다. 건넌방 부엌 쪽에서 들려오는 소리에 신경을 쓰느라 듣지 못한 것일까? 가족들의 아침 끼니를 챙기기 위해 어머니가 여시던 부엌문 소리가 그 속에 있었음을 깨달은 것은 한참 뒤의 일이었다. 이러한 소리들과 함께 새벽을 맞이하면서 난 빛보다 먼저 새벽을 여는 것이 있음을 깨닫게 되었다.

그 후 난 이것저것 생각이 많아졌다. 또한 이런 생각은 끊임없는 가지치기로 이어졌고, 이러한 생각의 가지치기는 한 집안에서의 나의 위치와 역할에 대해 진지하게 고민해 보는 단계까지 나를 데리고 갔다. 그 끝에서 난 부모님과 두 동생을 새로이 만나게 됐다. 그리고 부모님, 동생과 함께 나도 한 가족을 구성하는 일원이요, 그래서 내가 감당해야 할 일이 있음을 깨닫게 됐다. 처음 해 보는 일들이라 어설프긴 했지만, 그 때부터 난 그 일들을 조금씩 수행하기 시작했던 것 같다. 삽, 호미, 괭이, 곡괭이, 쇠스랑, 고무래, 낫, 도끼, 도리깨, 지게, 작두 등 이름을 듣는 것만으로도 그리워지는 농기구를 손에 쥐어 보았고, 밖에서 일을 하시는 부모님을 위해 저녁 무렵이면 하루를 산 집안을 정리하고 쇠죽을 쑤어 소를 먹이는 등의 일을 감당하기 시작했었던 것 같다.

그 소리는 인내(忍耐)의 소리였다. 겨울 삭풍(朔風)에 온몸을 내맡겨도 움츠러들지 않는 당당한 소리였고, 가쁘게 차오르는 숨에도 팍팍한 삶의 고갯길을 넘어야 했던 꿋꿋한 소리였다. 또한 한 울타리 안에 더불어 살아가는 존재에 대한 배려의 소리요, 싸늘하게 식은 온돌을 덥혀 자식의 따스한 잠자리를 만든 사랑의 소리였다. 아울러 빛보다 먼저 하루를 여는 마음 착한 첨병(尖兵)이었다.

아파트 생활을 오래 하다 보면 온기가 그리울 때가 있다. 몸살 기운이 있어도 따스하게 몸을 지질 수 없고, 전기장판의 도움을 빌어 보지만, 아무리 온도를 올려도 몸살 기운이 쉬이 수그러들지 않는다. 그러다 보면 가슴은 종종 추워지고 쓸쓸함이 깊어지곤 한다. 왜일까? 나이를 먹어갈수록, 삶이 바빠질수록 가슴 속에 간직하고 살아왔던 많은 것을 잃어가고 있기 때문일까?

지금도 나의 새벽은 빛보다 먼저 일어선 수많은 소리들로 시작된다. 시간이 갈수록 듣고 싶어도 들을 수 없는 소리도 많아지고 있지만, 그래서 소리 하나가 지워지는 만큼 쓸쓸함이 커지지만, 나의 새벽은 여전히 귀에 먼저 찾아온다.

원(遠)거리를 가야 하는가? 자동차 문을 여닫고 시동을 켜는 소리가 들린다. 잠에서 깨어 밖을 내다보면 벌써 여러 집 불이 환하다.

이야기

셋

삶은 의미의 숲이다

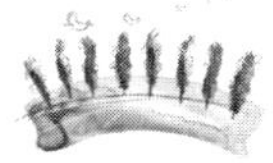

삶은 의미의 숲이다

I

우리의 삶은 많은 사상(事象)들이 모여 이룬 거대한 모자이크다. 이 모자이크 속에 존재하는 각각의 사상들은 그들 나름의 의미로 호흡하며 세상의 한 부분으로 자리한다. 아무리 사소하고, 경우에 따라서는 그 존재를 쉬이 인정하기 어려운 것도 때로는 큰 의미를 부여받으며 존재 가치를 인정받을 때가 있는 법이며, 아무리 큰 덩치로 존재하는 것이라도 큰 덩치만큼이나 존재 가치를 인정받지 못하는 것도 때로는 있는 것이다.

각각의 사상들이 갖는 의미는 독립되어 존재한다기보다는 주변 사상들과의 적절한 관계 속에 존재하며, 이 관계 속에서 존재 가치를 높인다고 할 수 있다. 그럼에도 불구하고 우리는 곧잘 눈앞의 현상에 마음을 빼앗겨 이런 관계를 놓치고, 그 결과 존재 가치를 제대로 판단하지 못하는 우를 범하는 때가 많다.

삶의 의미들은 각기 정도의 차이를 가지고 있으며, 그 가치는 상대적이다. 바꿔 말해 어떤 사상(事象)이 가진 의미는 그것을 대하는 모든 이에게 동일한 가치를 갖지 않는다는 얘기다. 내겐 의미 있는 것이 다른 사람에겐 의미가 적거나 없을 수도 있는 것이며, 타인에겐 의미가 큰 것이 내겐 하찮거나 시시한 것일 수도 있는 것이다. 또 같은 것도 어떤 상황 속에 존재하느냐, 또는 어느 정도의 관계를 유지하고 있느냐에 따라 그 가치는 달리 평가될 수 있는 것이다. 따라서 절대적인 가치 판단의 잣대는 어떤 사상의 정확한 가치 판단에 걸림돌로 작용하는 경우가 종종 있으며, 급기야 불필요한 갈등을 초래하게 되는 경우도 있다. 실로 경계가 필요하다고 하겠다. 더군다나 다양성을 특징으로 하는 지금의 사회에서는 그 경계수위를 더욱 높여야 할지도 모른다.

II

글은 삶이라는 천을 의미의 가위로 재단해 의미 있는 형상을 만들어내는 작업이다. 그러나 재단되어 글 속에 형상화된 삶이 아무리 의미 있다고 한들 그것은 의미 있는 한 단면일 뿐 온전한 삶 전체는 아니다. 왜냐하면 삶의 의미는 정도의 차이를 가지고 있는 다양한 요소들이 가진 의미의 총합이기 때문이다. 장님이 코끼리

만지는 격으로, 이는 긴 코만을 가리켜 코끼리라고 말할 수 없는 것과 같다.

그런데 글을 읽고 쓰다 보면, 분명 일면을 재단했음에도 불구하고, 그 일면을 통해 삶보다 더 진한 삶의 진실을 경험할 때가 많다. 그래서 난 바쁜 일상에 묻혀 잊은 듯했던 불변의 삶의 진실을 글을 통해 거듭 맛보며 오늘도 글을 쓰고, 그 속에서 삶을 배우곤 한다. 따라서 나에게 있어 글쓰기는 삶에 대한 배움의 과정이라 할 수 있다.

달리기의 생명은 속도에 있다. 그래서 누가 빨리 달려 종착점에 도달하느냐 하는 것이 승패의 최대 관건이 된다. 지금도 많은 달리기 선수들은 조금이라도 빨리 달려 종전의 기록을 갱신하기 위해 엄청난 땀을 흘리고 있다. 그래서 소수점을 다투는 기록의 갱신도 달리기 선수들에겐 엄청난 카타르시스를 발휘하는 것이다. 그만큼 눈 깜짝할 사이, 아니 이보다 더 적은 시간이라도 시간을 단축하는 순간은 그들에겐 평생의 가장 영광스런 순간인 것이다.

세계에서 가장 빠르다는 사람들이 겨루는 100m 달리기의 주자는 숨을 쉬는 데 들이는 시간조차 기록 단축의 장애라 생각하여 달리는 동안 거의 숨을 쉬지 않는다고 한다. 그러나 마라톤 주자는 1위를 함은 물론, 기록을 단축하기 위해 여러 모로 달리는 전략을 짠다고 한다. 호흡도 없이 무서운 파괴력으로 달려야 하는 100m 달리기와는 또 다른 것이다.

그렇다면 100m 달리기를 하듯 42.195km를 달린다고 가정해 보

자. 42.195km는커녕 얼마 가지 못해 달리는 것을 포기해야 할 것이다. 가정해 보는 것 자체가 어리석은 일인 것이다. 반대로 마라톤을 하듯 100m 달리기를 한다고 가정해 보자. 기록 단축은커녕 번번이 꼴찌를 면하기 어려울 것이다. 이것은 무엇을 말하는가?

겉으로 보기에는 숨을 쉬지 않는 것처럼 보이는 100m 달리기 주자도 실상은 가장 빨리 종착점에 도착한다는 전제 아래 눈에 보이지 않는 호흡을 하며 달리는 것은 아닐까? 42.195km의 마라톤도 체력을 적절히 안배하며 달리지 않는다면 1위는커녕 완주도 할 수 없을지 모른다.

우리가 살아가는 인생이란 단 하루를 살고 죽는 하루살이의 삶처럼 단거리 달리기가 아니요, 속도만큼이나 전략이 필요한 마라톤과 같은 것이다. 이런 인생에서 중요한 것은 어떻게 달리느냐 하는 것보다 어떻게 쉬느냐 하는 것인지도 모른다. 어쩌면 대부분의 사람들이 '빨리빨리'를 외치는 현실의 병을 치유할 수 있는 약은 '느림' 밖에는 없는 것인지도 모른다. 바쁠수록 돌아가라고 한 말은 결코 헛말이 아닌 것이다.

III

인간의 탄생은 관계의 탄생이라 말할 수 있을 만큼, 세상에 태어나는 순간 인간에겐 많은 관계가 주어진다. 부모와 자식, 형제자매, 친구와 친구, 상사와 부하, 이웃과 이웃, 나아가 인간과 자연, 인간과 세계 등 많은 관계 속에서 우리는 삶을 영위해 간다. 표면상으로, 또는 직접적으로 관계가 없는 것처럼 보이는 것도 연쇄적인 사고 과정을 통해서 보면 종종 밀접한 연결 고리를 발견하게 되는 때가 있다. 또한 삶 가운데 생겨나는 모든 불화와 갈등도 이런 관계 때문에 생기는 것이리라. 왜냐하면 모든 관계는 정도의 차이는 있을지언정 직간접적인 이해관계를 수반하고 있기 때문이다.

우리의 삶이 이렇듯 많은 사람들과의 관계 속에서 이루어지듯, 글을 이루는 데 필요한 요소들도 제각각 존재해서는 안 된다. 문맥에 따라 적절한 관계로 맺어져야 의미 있는 삶의 구조물을 만들어낼 수 있다. 만약 그렇지 않다면 사람이라고도 할 수 없고, 그렇다고 짐승이라고도 할 수 없는 신화 속의 켄타우로스처럼 기형적인 글이 되고 말 것이다.

글을 구성하는 요소들이 나름대로의 의미 관계를 맺으며 전체를 향해 갈 때, 필요한 요소들은 많다. 단어, 문장, 문단, 그리고 표현법은 물론이거니와 문장 부호도 빼놓을 수 없는 중요한 요소 중의 하나다. 따라서 글은 이들 요소들이 일정한 의미 관계를 맺으면서 이루어낸 하나의 구조물인 셈이다.

그러나 대부분의 경우 문장 부호는 대수롭게 생각하지 않거나, 심한 경우 무시하는 경우도 많은 것 같다. 물론 이들이 없다고 해서 의미 전달에 큰 지장을 주는 것은 아니다. 그러나 경우에 따라서는 불편한 점이 종종 생기기도 하고, 심한 경우 그 문장이 전혀 다른 의미의 옷으로 갈아입어 불필요한 오해를 만들기도 한다. 글의 본질이 의미 전달에 있는 것이라면 문장 부호가 의미 전달에 관여하고 있다는 얘기가 된다.

글은 전달하고자 하는 의미를 중심으로 적절한 위치에서 문장을 맺어야 하고, 그대로 맺기는 어려워 몇 마디 더 해야 하면 쉬어야 하고, 때로는 삶 가운데 부지기수로 일어나는 느낌과 의문들을 담고, 말로는 다할 수 없으면 말을 줄이기도 한다. 따라서 이들 문장부호 하나하나엔 우리의 삶을 구성하는 중요한 의미들이 생명체처럼 살아 숨쉬고 있음을 부정할 수 없는 것이다.

IV

삶도 마찬가지다. 우리는 마침표로만 삶을 영위하는 것은 결코 아니다. 왜냐하면 삶에서의 마침은 또 다른 삶을 위한 출발이기 때문이다. 또 나의 생각과 행동에 대해, 삶 가운데 만나는 유형무형의 사상(事象)들에 대해 끊임없이 물음표를 던져야 하며, 때로는 말줄임표로 더 이상의 말을 줄여 침묵할 필요도 있다. 하지만 이 모든 것을 가능하게 하기 위해서는 잠시 쉬면서, 지나온 문맥과 앞으로의 문맥을 부드럽게 잇듯, 여유의 쉼표도 필요한 법이다. 이 속에서 느낌표는 쉼 없이 찍힐 것이며, 그래야 그 삶은 윤택함을 더할 것이다.

삶은 다양한 의미들이 잘 어울려 만들어내는 숲과 같다. 나무, 화초, 새, 흙, 그리고 눈에 보이지 않는 공기 등 숲에선 어느 것 하나 소중하지 않은 것이 없다. 나무가 뿌리내리지 못하는 숲, 화초들이 꽃을 피우지 못하는 숲, 새들이 더 이상의 울음을 멈춰버린

숲을 온전한 숲이라 말할 수 있을까? 생각하는 사이 나도 그 의미의 숲에 하나의 작은 의미로 자리하고 있음을 어느 틈에 날아온 새가 깨우쳐주고 있다.

편지로 만드는 사랑

편지에는 삶의 무늬가 있다. 때로는 색깔 짙고 화려한 모자이크 무늬일 수도 있고, 때로는 잔잔한 호수에 지나가는 실바람의 웃는 얼굴 같기도 하고, 잠든 아가의 얼굴에 해맑게 번지는 미소 같기도 하다. 마치 저 먼 수평선 너머에서 싱그러운 파도와 함께 내게 달려오는 반가운 손님 같기도 하다.

편지에선 삶의 향기가 묻어난다. 그 향기는 때로 절절한 그리움의 향기일 수도 있고, 때로는 메마른 눈시울을 촉촉하게 적시는 가슴 뭉클한 감동의 향기일 수도 있다. 그 향기를 맡으면 마음의 호수엔 어느 새 그 향기를 닮은 잔잔한 물결이 일곤 한다.

편지를 쓰는 마음은 참으로 맑고 깨끗해 보인다. 사람의 마음이 만들어내는 많은 일들 중에 편지를 쓰는 그 마음처럼 맑고 깨끗한 마음은 없는 것 같다. 그래서 편지는 마치 맑은 샘물이 솟는 우물 같기도 하다. 손바닥으로 그 물을 퍼내면 마치 손바닥까지 투명하게 녹아 버릴 것 같기도 하다. 그래서 우린 편지를 쓰고, 거기에 실려 전해지는 상대방의 마음을 뭉클하게 가슴에 담는가 보다.

I

학창 시절 난 방학이면 항상 선생님들께 편지를 올리곤 했었다. 물론 답장이 없었기에 그 편지가 전해졌는지 전해지지 않았는지 알 수는 없었다. 단지 가르침을 받는 제자로서 당연히 해야 하는 일이라고 생각했기에 했을 뿐이었다. 물론 개학 후, 잘 받았다는 인사 한 마디를 하시는 분들도 있었지만 흔치는 않았었다.

그런데 나에겐 지금도 잊을 수 없는 한 통의 편지가 있다.

중학교 2학년 때였다. 지금의 내 노래 실력으로는 믿어지지 않는 일이지만 그 당시 난 합창부의 일원으로 활동했었다. 그 때 난 지금도 잊을 수 없는 그 선생님을 처음으로 만났다.

선생님은 좀 통통한 몸집에 얼굴이 티 하나 없이 깨끗하신 분이었다. 또한 어린아이 같은 웃음도 지니신 분이었다. 하지만 난 그 선생님에게 쉽게 다가서기가 어려웠다. 왜냐 하면 티 없이 깨끗한 선생님의 얼굴에 감도는 차가운 인상이 왠지 모를 거부감을 만들었기 때문이다.

하지만 합창부에서 선생님과 함께 생활한 지 한 학기쯤 지났을 때, 난 선생님의 또 다른 모습을 발견했다. 도에서 주최하는 합창 경연 대회에 나가 선생님의 지휘에 따라 노래를 할 때였다. 선생님께서 단상에 올라서실 때, 선생님의 얼굴은 평상시와는 달리 발그레하게 상기돼 있었다. 짓궂은 아이들의 장난에도 표정 하나 변하지 않고 항상 여유를 잃지 않으시던 선생님이었는데, 그 날의 선생님의 모습은 달랐다.

이윽고 선생님의 지휘에 따라 피아노 반주가 시작되고 우리는 그동안 연습했던 노래를 부르기 시작했다. 그런데 곡이 중간쯤에 접어들었을 때 난 선생님의 얼굴에 땀이 흐르고 있음을 발견했다. 학교에서 우리를 지도하실 때는 아무리 열정적으로 지휘를 해도 땀을 거의 흘리지 않으시던 선생님이셨다. 그런데 그 때의 선생님은 정도 이상으로 많은 땀을 흘리시는 것 같았다. 이마에서 흐른 땀은 가끔 선생님의 눈 쪽으로 흐르기도 했고, 끝내는 선생님의 블라우스를 적시기에 이르렀다. 그러나 선생님은 괘념치 않으시는 듯 여전히 웃음을 잃지 않은 채 열정적인 지휘를 해 나가셨고, 우리는 그런 선생님의 분위기에 압도되어 무사히 합창을 마칠 수 있었다.

지휘를 마치고 선생님께서는 객석에 인사를 하기 위해 돌아서셨다. 객석에서는 많은 박수가 터져 나왔다. 그러나 단상을 내려오기까지 난 선생님의 젖은 등에서 시선을 뗄 수 없었다. 선생님의 웃음 띤 얼굴이 나를 향하고 있다는 것을 발견했을 때에야 난 단상을 내려올 수 있었다.

그 날 우리는 우승을 했다. 우승 트로피를 받아들고 우리는 한껏 즐거웠다. 기념 촬영을 끝내고 집으로 돌아오기 위해 강당을 나섰을 때, 난 선생님의 촉촉해진 눈을 발견했다. 그 모습을 보며 나도 울컥 눈물이 차올랐지만 애써 참았다. 화장한 선생님의 얼굴이 땀으로 얼룩져 있었다. 하지만 선생님은 신경 쓰지 않으시는 듯 보였다. 선생님의 얼굴에 여전히 번지고 있는 웃음은 얼룩진 화장으로 지워지지는 않을 것이라는 엉뚱한 생각도 들었다.

집으로 돌아와 난 그 날의 일을 떠올리며 편지를 썼다. 으레 그랬듯 답장은 기대하지도 않았다. 그런데 그로부터 며칠 후 선생님은 교무실로 나를 부르셨다. 그리고는 노란 편지 봉투 하나를 건네셨다. 편지 잘 받았다고 하시면서 말이다. 난생 처음이자 마지막으로 받아본 선생님의 답장이었다.

선생님으로부터 답장을 받았다는 뜻하지 않은 기쁨으로 흥분된 마음은 집에 돌아가는 시간까지 나를 주체할 수 없게 만들었다. 수업 내용조차 전혀 귀에 들어오지 않았다. 그 편지 속에 어떤 내용이 들어 있든 그것은 문제가 되지 않았다. 선생님께서 나의 편지에 답을 하셨다는 사실이 어린 나의 마음을 요동치게 만들었던 것이다.

방과 후 난 평상시보다 이른 귀가를 서둘렀다. 그리고는 손발을 깨끗이 씻고 내 방으로 들어가 조심스레 선생님의 편지를 뜯었다. 큼직큼직하고 동글동글한 선생님의 글씨체가 내 눈을 가득 채웠다. 그리고 그 편지 속에서 난 그 동안은 느끼지 못했던 선생님의 사랑을 듬뿍 느낄 수 있었다. 차가워 보이는 선생님의 외모 속에 감춰진 따스한 사람의 정! 선생님으로부터 막연히 느끼고 있던 차가운 인상도 어느 새 나의 기억을 떠나고 있었다. 물론 전보다 더 선생님 앞에 서기가 힘들어졌지만 말이다.

10년 이상의 외지 생활을 이어오면서 지금 그 편지는 어디에 있는지 모른다. 잘 보관을 한다고 한 것이 이사하는 과정에서 지금은 어디에 두었는지조차 알 수 없다. 하지만 선생님으로부터 받았던 처음이자 마지막이었던 그 편지에 대한 기억만큼은 두 아이의 아비가 된 지금까지도, 20년 가까운 교단생활을 해 오며 많은 제자들을 가지게 된 지금까지도 잊을 수가 없다.

II

대학을 마치고 난 교단에 섰다. 총각 선생에 대한 막연한 호기심에 의한 편지에서부터 제법 무게 있는 인생 상담에 이르기까지 난 그 동안 아이들로부터 많은 편지를 받아왔다. 바쁠 때는 답장을 못하는 경우가 많지만, 난 될 수 있는 한 아이들의 편지에 답장을 하려고 지금도 노력하고 있다. 물론 내가 아이들의 편지를 소중하게 생각하게 된 배경에는 중학교 시절 그 선생님으로부터 받은 한 통의 편지가 있었음을 난 자신 있게 말하고 싶다.

나에겐 꾸준한 편지로 나와의 만남을 이어가는 소중한 제자가 하나 있었다. 초등학교를 갓 졸업하고 맑고 깨끗한 모습과 여린 심성으로 처음 만났던 아이였다. 이른 아침 맑은 이슬 속에 피어난 산백합의 모습이 이런 모습일까?

내 기억 속의 그 아이는 늘 맑고 깨끗한 동화 같은 이미지의 아이였다. 친구의 기쁨에 함께 기뻐할 줄 알고, 친구의 슬픔에 함께 가슴 아파할 줄 아는 아이였다. 그래서 입학 당시에는 눈물도 참 많았던 아이였다. 친구의 아픔에 자신도 마음 아파하며 눈물 흘리던 병아리 같은 모습을 성년이 된 지금에도 난 잊지 못하고 있다.

처음에는 졸업을 하면 통과의례처럼 하는 편지이려니 생각하고 대수롭지 않게 생각했었다. 물론 한 글자 한 글자 온 정성을 다해 쓴, 보통의 편지와는 다른 정성이 담긴 편지이기는 했지만 말이다. 그런데 자질구레한 삶의 이야기부터 신상의 고민 하나 하나에 이르기까지 늘 곁에 두고 보는 사람의 이야기처럼 정감이 느껴지는 편지가 계속 이어졌다. 난 일상적인 편지로만 치부했던 나의 고정 관념을 털어내며 나이를 먹어갈수록 삭막해져 가는 나의 마음에 쓴웃음을 머금었었다. 그리고는 부리나케 답장을 썼던 기억이 난다.

그 이후로 상당한 거리를 두고 떨어져 있기는 했어도 그 아이와 나의 만남은 정감이 묻어나는 소중한 만남으로 채워지기 시작했다. 그 아이의 어머니마저도 나를 기억할 정도였으니, 오히려 함께 있을 때보다 더한 정이 드는 것 같았다. 이렇듯 그 아이와 나의 편지는 더욱 두터운 인연의 실타래를 만들고 있었다.

그 아이는 다른 때보다 여러 가지로 바빠진 현실 속에서도 여전히 나에게 정을 보내왔다. 고3으로서 느끼는 삶의 괴로움부터 성년을 코앞에 둔 아이로서의 많은 고민과 갈등이 담긴 편지를 그 아이는 내게 보내왔다. 매번 답장은 하면서도 나에겐 그 아이의 문제를 해결해 줄 이렇다 할 방법이 없을 때가 많았다. 그럼에도 불구하고 그 아이는 나로부터 삶의 위안을 느끼는 듯했다. 단지 그 아이가 삶에 지쳐 괴로울 때 얘기를 나눔으로써 의지할 수 있는 사람이 되어 주고 싶다는 생각에서 시작한 답장이 언제나 맑고 깨끗한 마음으로 세상을 살아가는 그 아이의 초상을 만들어가고 있는 것 같아 뿌듯한 마음이 나의 삶조차 생기 있게 만들었다.

부지기수(不知其數)로 많은 사람들이 모여 사는 이 세상에서 삶이 괴롭고 힘겨울 때 의지할 수 있는 소중한 사람이 있다는 것은 얼마나 행복한 일인가? 또한 나의 작은 말 한 마디, 마음 한 조각에도 삶의 위안을 얻을 수 있는 사람이 있다는 사실은 더더욱 큰 행복을 맛보게 한다. 왜냐 하면 그것은 내가 이 세상에 존재해야 할 소중한 의미를 찾을 수 있게 하기 때문이다.

누군가와 나누는 편지는 세상살이의 잔잔한 재미를 느끼게 한다. 각양각색의 향기를 지닌 편지 속에 살아 숨쉬는 삶의 이야기, 어쩌면 이것은 이 세상에 존재하는 가장 짙은 삶의 향기일는지도 모른다. 우리네 삶의 수레바퀴는 어쩌면 이런 삶의 향기로 돌려지는 것은 아닐까?

오늘도 나의 메일함엔 쉽게 쓰고, 쉽게 보내고, 쉽게 지우는 광고성 이메일로 가득하다. 이런 편지함을 열 때의 나의 심정은 종종 죽음의 바다에서 생명의 호흡을 찾는 절박함일 때가 많다. 안부를 묻는 짤막한 내용이라도, 열어볼 필요를 느끼게 하는 편지라도 하나 만나면 그 작은 만남에도 가슴은 요동을 치곤 한다. 불현듯, 불현듯 종이편지에 대한 그리움이 싹을 틔우고, 급기야 가슴은 온통 푸른 초원을 이룬다. 하지만 난 번번이 그 초원에 선뜻 발을 내딛지 못한 채 갈팡질팡한다.

모래바람을 일으키며 가슴을 훑고 가는 허전함과 쓸쓸함은 나의 지나친 고지식이 만든 부질없는 향수(鄕愁)일까? 그래도 나는 종이편지를 쓰고 싶고, 받고 싶다. 양보가 미덕(美德)인 줄은 알지만, 이것만큼은 양보의 미덕을 허락하고 싶지 않다.

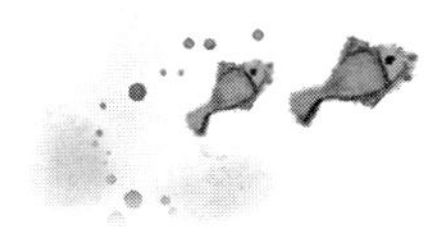

어떤 자격증

예와 오늘, 동양과 서양을 막론하고 어떤 일을 함에 있어 조건을 요구하지 않는 사회는 없는 것 같다. 따지고 보면 우리가 직장을 얻기 위해 제출하는 이력서도 자신이 그 일에 적합한 인물임을 증명하거나, 자신이 가지고 있는, 경쟁자와는 차별되는 조건을 드러내기 위한 문서가 아니겠는가? 물론 그 조건이 객관적으로 확인할 수 있는 것이라면 그것은 그 사람에게 대단한 강점으로 작용할 수 있을 것이다.

자격증이라는 것이 있다. 어떤 분야에서 일정한 기준에 도달한 사람에게 그 자격을 인정해 주는 증명서다. '자격증 시대'라는 말이 있고 보면, 요즘 시대는 자격증을 가지고 있지 않은 사람보다 자격증을 가진 사람이 여러 모로 유리한 대우를 받는 시대라는 데에 이의를 달 사람은 아무도 없을 것이다. 그래서 한 때는 일단 자격증부터 따고 보자는 열풍이 불기도 했었고, 정도의 차이는 있을지언정 이런 현상은 지금도 예외는 아닌 것 같다.

물론 이 세상의 모든 일들이 자격증을 요구하는 것은 아니다. 아니, 오히려 자격증을 요구하지 않는 일이 더 많을지도 모른다. 그러나 적어도 전문적인 지식이나 기술이 요구되는 일을 하고자 한다면 십중팔구 거기에는 일정한 자격이 요구된다. 사회가 복잡하고 다양해질수록 그 사회를 살아가는 사람들에게는 전문성이 요구되고, 그것을 갖추지 못한 사람은 그리 좋은 대우를 받지 못하거나, 심지어는 오래 버텨내지 못하고 눈치만 보다가 끝내는 도태되는 경우를 우리는 주변에서 흔히 경험한다.

그런데 가끔은 전문적인 지식이나 기술을 갖춘 사람에게 주어지는 이런 자격증보다 더 중요한 자격증이 있다는 생각이 들 때가 있다. 그 자격증은 그것을 수여하는 권위 있는 기관도 없고, 그래서 정식 문서도 없다. 물론 자격을 주려면 자격이 되는지를 판정할 수 있는 객관적인 기준이 있어야 한다. 하지만 이 자격증은 객관적인 기준을 마련하기도 어렵다. 하지만 굳이 그 기준을 대라면 양심이나 상식쯤이라고 하면 될까? 결국 양심이나 상식에 비추어 수여 여부를 판정할 수 있는 보이지 않는 자격증인 셈이다. 그럼에도 불구하고 일반적인 자격증에 비해 필요성이 더욱 큰 자격증이라는 나의 생각에는 변함이 없다. '자격증 공해'라는 말이 있을 정도로 자격증이 난무하는 현실 속에서 어쩌면 우리는 이 자격증을 가진 사람을 목마르게 바라고 있는지도 모를 일이다.

난 애연가의 한 사람이었다. 몸에도 좋지 않은 걸 뭘 그렇게 피우느냐고 동료로부터 핀잔을 들을 때, 육체적인 건강도 중요하지만 정신적인 건강도 무시할 수 없는 것이라고 강변할 정도의 흡연 옹호자였다. 실제로 정신적으로 긴장해 있을 때 태우는 담배 한 대는 그 긴장을 어느 정도는 완화시켜 주곤 했다. 물론 지금은 냄새도 맡기 싫을 만큼 끊은 상태이지만 말이다.

그런데 담배를 피우던 때나, 담배를 끊은 지금도, 나는 이 담배 피우는 행위에도 자격이 있다는 생각을 종종 하곤 한다. 더군다나 금연 구역이 확산되고, 이에 따라 애연가들의 입지가 좁아지고 있는 지금의 상황에서는 한 번쯤 더 생각해 봐야 할 문제가 아닌가 하는 생각이 절실해지곤 한다.

'금연'이라고 쓰인 팻말 아래서 담배를 피우는 사람이 있다. 아이가 애처롭게 기침을 토해낸다. 금연 구역이니 나가서 피워 달라고 해도 네가 무슨 상관이냐는 듯 못 들은 척 빠는 입에 오히려 힘을 더한다. 싫은 소리라도 한 마디 할라치면 적반하장(賊反荷杖), 되레 큰소리를 치며 대든다. 또 이런 사람도 있다. 무슨 일이 그리 바쁜지 담배를 피우면서도 재를 털 줄 모른다. 옆에서 보는 사람마저 쓸데없이 위태함을 느끼게 한다. 그래도 그는 전혀 무신경이다. 타 들어갈 데까지 타 들어간 담뱃재가 끝내 탁자 위에 떨어진다. 입으로라도 불어 바닥으로 내려보내면 그건 양반이다. 떨어진 담뱃재를 그냥 내버려두고 자리를 뜬다. 쓰레기통이 옆에 있는데도 담배꽁초를 그냥 바닥에 버리는 사람은 어떤가? 양심에 걸려 주위라도 두리번거리는 사람은 그래도 양반이다.

담배를 피우는 것은 그 사람의 자유다. 그러나 조금이라도 남을 배려하는 마음을 가졌다면 이런 일은 없을 것이다. 만약 담배 피우는 행위에 자격증이 부여된다면 이런 사람에게 자격증이 주어질 수 있을까? 설령 주어진다고 해도 우리는 자격증을 박탈해야 할지도 모른다. 왜냐 하면 자격이 없는 사람이 그 행위를 한다는 것은 위험천만이기 때문이다. 자격 없는 의사가 환자의 생명과 직결되는 수술을 하는 것과 다를 바 없는 것이다.

그런데 낚시터에 도착하면 여기서도 종종 자격의 문제를 생각하게 된다. 낚시를 즐길 줄 아는 사람이라면 떠날 때 될 수 있는 한 자기가 오기 전의 원래 상태로 만들어 놓아야 한다는 것이 낚시에 대한 평상시의 나의 지론이다. 이런 사람에게만이 난 낚시를 즐길 자격이 주어진다고 늘 생각해왔다. 이 자격의 문제를 생각하면 난 비를 맞으면서도 내가 앉았던 자리를 정리할 수밖에 없다. 왜냐 하면 그래야 설레는 마음으로 다시 떠날 수 있는 자격이 내게 주어진다고 생각하기 때문이다.

나의 은사님 중에 수석 채집을 즐기시는 분이 있었다. 그 은사님은 늘 '돌의 자리를 함부로 바꾸어서는 안 된다.'고 말씀하셨다. 당장은 아름다워 보이고 가치가 커 보이는 돌도 보는 시간이나 자리를 바꾸면 그 아름다움이 반감되거나, 반대로 원래 있던 곳에서보다 아름답게 느껴지는 경우가 있는 법이니, 돌이 지닌 가치를 충분히 검토한 후 수집해야 하며, 본래의 느낌이 살아나지 않아 버려야 할 때는 될 수 있는 한, 그 돌을 가져온 장소에 가져다 놓는다는 것이다. 말하자면 그 돌의 원래 삶터를 찾아준다는 것이고, 이것이 수석 채집가가 지녀야 할 도라고 은사님은 말씀하시곤 하셨다.

하지만 내가 찾아간 낚시터엔, 사용하던 떡밥이 그대로 방치돼 있어 파리가 꼬이고, 물건을 담아 가지고 왔을 비닐봉지는 그대로 방치돼 있다. 먹고 남은 음식 찌꺼기는 썩어 냄새가 진동하고, 술병들이 여기저기 버려져 있거나, 사용하다가 버린 낚싯줄이 발목을 낚아채 앞으로 고꾸라지기도 한다. 화가 치밀어 내게서 나온 쓰레기만 처리하고 싶은 마음이 앞서지만, 내 손은 이미 그것들을 주워 낚시 가방에 넣는다. 이쯤 되면 나의 가슴은 휑하니 비어 버려, 둘러멘 낚시 가방이 이유 없이 무거워지곤 한다.

컴퓨터를 다룰 줄 모르면 '컴맹'이라 하여 시대에 뒤떨어진 사람 취급을 한다. 또한 '넷맹'이라 하여 인터넷을 할 줄 모르면 시대에 뒤떨어진 사람 취급을 받는다. 그런데 신문이나 텔레비전을 보다 보면 차라리 컴맹, 넷맹이었으면 좋겠다는 생각이 들 때가 있다. 남의 컴퓨터 속에 침투해 상대방의 소중한 정보를 빼내는 일은 보통이고, 심지어는 바이러스를 만들어 시스템 자체를 쓸 수 없도록 파괴시키는 사람들이 있다. 이른바 '해커'니, '크래커'니 하는 사람들이 그들이다. 이들은 애초에 무자격자이거나, 자격이 있다고 해도 자격 박탈 대상이다.

또한 초보 운전자에게 가해지는 짓궂은 폭력은 어떤가? 속도가 늦다고 경음기를 울려대며 운전자의 마음을 졸이게 하고, 운전 중 약간의 실수라도 있으면 삿대질에 욕설까지 일삼는 경우도 있다. '개구리 올챙이 적 모른다.'는 속담이 무색할 지경이다. 음악을 크게 틀어 놓은 채 주택가를 질주하거나, 보행자는 아랑곳하지 않고 빗물 고인 도로를 달리다가 물을 튀기고도 미안한 줄 모르는 운전자는 또 어떤가?

눈에 보이는 자격증만으로, 무엇인가를 다룰 줄 안다는 기능만으로 자격이 있다고 얘기하기엔 자격이란 말의 의미가 너무 가벼워 보인다. 기능에 의해서만 주어지는 자격증은 누구나 가질 수 있다. 그러나 양심이나 상식에 의해 주어지는 자격증은 누구나 가질 수 있는 것이 아니다. 진정한 자격은 기능에만 주어져서는 안 된다. 기능에 양심이나 상식까지 두루 갖추고 있는 사람이야말로 진정한 자격자이고, 이런 사람에게만이 자격은 주어져야 하며, 이럴 때에 자격증은 제 무게를 찾을 수 있지 않을까?

하루라도 빨리 자격증이 제 무게를 찾았으면 좋겠다.

소유(所有)

무소유(無所有)라 했다. 소유함이 없다는 말이다. 일반적인 상식으로는 쉬이 납득이 되지 않는 말이다. 그래서 '아무 것도 가지지 않을 때 비로소 온 세상을 갖게 된다.'는 법정 스님의 말씀을 접했을 때, 일개 범부(凡夫)에 지나지 않는 난 충격을 받을 수밖에 없었다. 버리는 것은 버리는 것이요, 얻는 것은 얻는 것임을 당연한 상식으로 알고 살아온 내게 '버리는 것이 얻는 것'이라는 역설(逆說)을 이해하고 납득하는 일이 어찌 쉬운 일이겠는가?

물론 가진 것 없는 거지는 도둑맞을 걱정이 없을 것이다. 그러니 소유하지 않음이 불필요한 걱정을 제거하는 미덕(美德)이 될 법도 하다. 하지만 그에겐 곡기를 때우기 위해 남의 것을 나눠야 하는 구걸이라는 걱정이 생겨난다. 그렇다면 많이 가진 자는 어떨까? 물론 거지처럼 구걸해야 할 걱정은 할 필요가 없을 것이다. 하지만 이런 사람은 행여 누군가 자기 것을 빼앗을까, 또는 훔쳐갈까 걱정하게 될지도 모를 일이다. 그러고 보면 가진 것 없어도 병이요, 지나치게 많이 가져도 병인 것은 당연한 이치라는 생각이 든다.

가진 것 없이 살 수 없고, 지나치게 많이 가지고 사는 것도 병이라면, 과연 우리는 얼마나 가지고 살아야 하는 것일까?

과유불급(過猶不及)이라는 말이 있다. 지나침은 모자람이나 진배없다는 말이다. 이 말은 세상살이가 쉽지 않고, 세상사가 단순하지 않음을 내게 종종 깨우쳐 주곤 한다. 마치 오를 엄두조차 내지 못하게 하는 만년설산(萬年雪山) 같다고 할까? 아니 그렇겠는가? 지나침이나 모자람이 모두 같은 것이라면 결국 최상의 가치를 가진 척도는 '중용(中庸)'이나 '중도(中道)'의 옷을 입은 '알맞음'일 것이다. 그런데 말이 쉽지 이게 어디 쉬운 일인가? 짧은 소견이지만, 나 같은 범부의 일생을 모두 투자한다 해도 이것은 지극히 도달하기 어려운 경지가 아닐 수 없다. 그 경지에 도달하고자 하는 자는 급기야 지극히 짧은 인간의 삶을 원망해야 할지도 모를 일이다.

중용이란, 마땅하여 지나치거나 모자람이 없으며, 어느 한 쪽으로 치우치지 않고 떳떳하며 알맞은 상태나 그 정도를 말한다고 한다. 아리스토텔레스는 이것을 이성으로써 욕망을 통제하여 과대와 과소 양극의 바른 중간을 택하는 것이라 했다 한다. 이 얼마나 어려운 경지인가? 세상사라는 것이 칼로 무 자르듯이 정확한 길이를 나눌 수 있는 것도 아니기에 아둔한 인간의 눈으로 어디까지가 알맞은 정도인지 판단하기란 쉽지 않아 보인다. 중도라는 것도 그렇다. 두 극단(極端)을 떠나 어느 한 편으로 치우치지 않는, 사람이 행하여야 할 바른 길을 의미한다고 하지만, 세상일이란 저울로 무게 달듯이 할 수 있는 것이 아닐진대, 치우치지 않는 바른 길을 찾는 것이 어찌 쉬운 일이겠는가? 또 누가 있어 감히 세상일의 크기를 재단(裁斷)하고, 그 일의 무게를 잴 수 있을 것인가?

하루 벌어 하루 먹는 인력 시장의 인부들, 그것마저 여의치 않아 공치는 날이 많은 이들과 천문학적인 돈 놀음에 날 새는 줄 모르는 사람들이 한 하늘 아래 살아간다. 음식을 남겨 버리는 사람들과 버려진 것도 없어 굶어 죽는 사람들, 불필요하게 많은 학용품으로 필통이 터질 것 같은 아이들과 먹을 것이 없어 수돗물로 공복을 채우는 아이들이 한 하늘을 이고 살아간다. 한 쪽은 그 하늘이 낮아 불평을 하고, 또 다른 한 쪽은 그 하늘에 눌려 찌그러지고 뒤틀린 모습으로 살아간다. 못 가진 사람은 목구멍에 풀칠하기에도 바빠 거리로 내몰리고, 가진 자는 하나라도 더 가지려고 발버둥치는, 탐욕에 번득이는 눈빛과 동정을 불러일으키는 초라한 눈빛들이 뒤엉켜 있는, 세상은 요지경 속이다.

지금 이 순간, 가슴이 이토록 싸늘해지는 것은 왜일까? 주관적인 잣대로 세상일을 재단하려고 드는 건 어리석은 일이다. 그러나 내 밥그릇 넘치는 줄 모르고 계속 퍼 담기만 하는 것은 더욱 어리석은 일이다. '알맞음'의 의미를 망각한 채 우리는 끝없이 허황된 무지개를 좇고 있는 것인지도 모른다. 세상일이란 것이 칼로 무 자르듯 크기를 함부로 재단할 수 있는 것이 아니요, 무게를 달아 그 경중(輕重)을 판단할 수 있는 것도 아니라면, 또 어느 누구도 이와 같은 판단을 해 줄 수 없는 것이라면 중용과 중도의 삶의 원리가 지배하는 유토피아는 요원한 이상향일 뿐인가?

밥그릇에 붙은 밥알을 긁느라 달그락거리는 자식이 측은해 당신 밥을 나누는 어머니의 마음을 생각한다. 평생을 허드렛일로 번 돈을 장학 사업에 기부한 어떤 할머니의 마음을 생각한다. 공부하는 자투리 시간을 쪼개 외로운 노인들과 살뜰한 삶의 정을 나누는 학생들을 생각한다. 자신도 가쁜 숨 몰아쉬며 넘어야 하는 삶의 고갯길을 장애나 가난 등 더 힘겨운 사람들과 함께 넘어주는 어떤 아주머니를 생각한다. 그리고 누렇게 죽은 섶을 뒤져 봄의 얼굴을 찾는 심정으로 난 그들의 삶을 뒤진다. 그러면 해맑은 새싹처럼 나에게 눈을 맞추고 있는 세상의 얼굴이 보인다. 멋진 세상, 살맛나는 세상, 아름다운 세상은 이미 이 나눔의 미학 속에 숨쉬고 있음을 난 그제야 깨닫는다.

감각과 실체 사이

이 세상에 태어나는 인간에겐 오감이 주어진다. 물론 감각은 생후 일정 기간 동안 발달하는 시기의 차이가 있고, 사람에 따라 특별히 민감하거나 둔감한 정도의 차이도 있다. 또한 어떤 것은 선천적으로 부여받지 못하거나 후천적으로 기능상 문제를 일으켜 불편함을 감수해야 하는 경우도 있다. 하지만 정상적이라면 대부분의 인간은 이 감각을 통해 생명을 유지하고 기본적인 삶을 이어간다.

인간의 삶은 자아와 세계의 끊임없는 상호 작용의 과정이다. 이 상호 작용의 최전방에 위치하는 것이 바로 감각이다. 마치 진격하는 아군의 최전방에서 경계 임무를 수행하는 첨병처럼, 전파를 수

신하는 안테나처럼 감각은 인간이 세계를 만나 어떤 반응을 일으키는 시발점이 된다. 인간은 이 감각을 통해 들어온 다양한 정보를 바탕으로 세계와 상호 작용할 수 있게 된다. 결국 감각은 인간이 세계와 상호 작용할 수 있는 단서를 제공하는 셈이다.

하지만 이 감각의 거울에 비춰진 것이 세계의 전부일까? 물론 아니다. 감각의 거울에 비친 세계는 빙산의 일각에 지나지 않는다. 눈에 보이지 않는 물 속에 엄청나게 큰 몸뚱이를 숨기고 있는 빙산처럼, 사물은 감각의 세계 저편에 보석처럼 반짝이는 더 아름답고 가치 있으며, 더 본질적이고 숭고한 많은 것을 감추고 있다.

그럼에도 불구하고 우리는 종종 감각의 거울에 비춰진 것이 온전한 실체인 양 착각하거나 심지어는 노예가 되어 버리는 경향도 있다. 투우사의 공격을 당해도, 오직 펄럭이는 붉은 천에만 온 신경을 집중하는 투우(鬪牛)처럼 감각이라는 색안경에 온 의식을 맡겨 버리는 것이다. 그러니 사물이 지닌 본색은 안경으로 인해 차단돼 버릴 수밖에 없고, 우리는 그것이 온전한 실체라는 생각에 마취되어 살아가고 있는지도 모른다. 감각의 거울 저편에 존재하는 더 큰 세계를 보지 못하고 눈에 비친 극히 작은 부분에 아등바등하는 것이다. 그래서 누군가 어떤 말을 하면 믿기 전에 일단 보았느냐 반문하는 것이리라. 보고, 듣고, 만지고, 냄새를 맡고, 맛을 보아야 직성이 풀리는 것이리라. 그래서 장님 코끼리 만지듯 감각만으로 섣부른 판단을 하기도 하며, 다른 사람의 말을 쉽게 믿지 못하는 어리석음 끝에 값비싼 대가를 치르기도 하는 것이다.

감각의 세계는 직선적이고 단면적이다. 그래서 감각되는 부분만이 실체로 인식되는 경향이 있다. 이것은 마치 시위를 떠난 화살 같다. 시위를 떠난 화살에게 활은 이미 아무 상관이 없다. 그저 앞에 보이는 목표물만 있을 뿐이다. 목표물만이 의미를 가질 뿐 그 외의 어떤 것도 의미 있는 존재로 살아 있을 수 없는 것이다.

그러나 이 세상의 어떤 것도 단면으로 이루어진 것은 없다. 유형이든 무형이든 세계를 구성하는 모든 것은 양면, 아니 다면의 입체이다. 따라서 이러한 세계와의 상호 작용의 과정에서 감각으로 인식된 것이 온전한 실체라고 생각하는 것은 크나큰 오류가 될 수 있다. 감각으로 인식된 세계는 비슷할 수는 있을지언정 완전히 같은 실체일 수는 없다. 물론, 감각에 의한 인식이 옳고 그름의 판단과 무관한 경우라면 크게 문제될 것은 없을지 모른다. 하지만 반대로 옳고 그름의 가치를 따져야 하는 상황이라면 본말이 전도된 판단을 할 수도 있다는 점에서 감각의 거울은 크나큰 맹점을 가지고 있다.

우리가 사는 이 세상은 감각만으로 실체를 온전히 드러내는 세상이 아니다. 감각으로는 그 존재가 인식되지 않는 것임에도 누구나 존재를 당연시하는 것도 많고, 어떤 이는 대부분의 사람들이 부정하는 것을 존재한다고 확신하기도 한다. 또한 단순해 보이는 일도 따져 보면 여러 가지 원인이 복합돼 있는 경우도 많고, 보는 각도에 따라 사건의 모습이 달라져 정반대의 가치 판단을 하게 되는 경우도 많다. 사정이 이러한데, 감각의 거울에 비친 것을 온전한 실체로 믿는 것은 얼마나 위험한 일인가?

> 소리와 빛은 외물(外物)이다. 이 외물이 항상 사람의 귀와 눈에 장애가 되어, 바르게 보고 듣는 기능을 이처럼 잃게 하는 것이다. 하물며, 사람이 세상을 살아간다는 것은 강물을 건너는 것보다 훨씬 더 위험스러울 뿐만 아니라, 보고 듣는 것이 수시로 병이 됨에랴!

조선 후기 대표적인 실학자 연암 박지원은 팔촌 형 박명원을 따라 청나라를 여행한 경험을 「열하일기(熱河日記)」로 남겼다. 그 중 〈산장잡기(山莊雜記)〉에는 '일야구도하기(一夜九渡河記)'라는 수필이 있는데, 연암은 이 수필에서, 우리가 가진 감각이 외물(外物) 앞에 얼마나 무력할 수 있으며, 그 감각에 의존한 판단이 얼마나 어리석고 위험할 수 있는가를 경고한다.

그렇다면 이런 어리석음과 위험에서 벗어날 길은 없는가? 연암은 마음을 차분히 다스릴 것을 주문한다. 감각의 세계에 쉬이 현혹되거나, 심지어 노예가 되어 버리기도 하는 것이 사람의 마음이라면, 이 마음이 중도를 잃지 않도록 하는 평소의 수양이 얼마나 중요한 삶의 덕목이겠는가?

감각되는 부분에 눈이 멀어 정작 아름답고, 소중하고, 가치 있는 그 무엇을 잃지 않고자 하는 이, '일체유심조(一切唯心造)'라 한 불가의 가르침을 한 번쯤은 되새겨 볼 일이다. 마음이 병들면 감각에 의존할 수밖에 없는 것이요, 감각에 의존한 판단은 온전한 실체를 판단하지 못하는 결과를 초래할 수 있는 법 아니겠는가?

그러고 보면 성현의 가르침은 예와 이제를 넘나드는 보편적인 진리임을 새삼스레 깨닫게 된다. 새겨볼수록 참으로 소중한 가르침이다.

버릇

버릇은 여러 번 거듭하여 저절로 익고 굳어 버린 성질이나 행동을 말한다. 한자말로 습관(習慣)이라고도 일컫는 이것은 정도의 차이는 있지만, 사람이라면 누구에게나 존재한다. 세계적인 비즈니스 컨설턴트 브라이언 트레이시는 "성공한 사람과 실패한 사람은 습관이 결정짓는다."고 말한다. 이것은 누구에게나 존재하는 버릇이 단순히 존재하는 것만으로 그치는 것이 아님을 역설(力說)하고 있다. 즉, 버릇은 존재 이상의 많은 가능성을 품고 어떤 형태로든 사람의 삶에 깊숙이 관여하고 있다는 것이다.

여든까지 장수하는 사람이 흔치 않았던 시대, 우리 조상들은 세 살 버릇 여든 간다고 했다. 이는 버릇이 사람의 삶 전체를 지배할 만큼 강력한 힘을 지니고 있음을 증명하는 것이리라. 또한 제 버릇 개 못 준다고도 하여 한 번 들어버린 버릇은 쉬이 고치기 어려운 것임을 경계하기도 했다. 아이를 질책하는 가장 일상적인 말 중에 하나가 버릇없다는 말인 것을 보면, 우리 조상들이 '좋은 버릇들이기'를 얼마나 중시했는지도 알 수 있다.

좋은 버릇은 그 사람을 돋보이게 하여 그의 삶에 영화로운 꽃을 피우게 한다. 그래서 우리가 알고 있는 위인들의 위대한 행적 뒤에 가려진 다양한 버릇들은 위대한 삶만큼이나 음미해볼 만한 가치가 있어 보인다.

독서 습관은 위인들의 삶에서 빼놓을 수 없는 습관 중의 하나였나 보다. 중국 당송팔대가의 한 사람으로 뛰어난 문장으로 잘 알려진 구양수는 물론, 컴퓨터의 황제라 불리는 오늘의 빌 게이츠에 이르기까지 많은 위인들은 언제 그렇게 많은 책을 읽었을까 의아스러울 만큼 많은 책을 읽은 것으로 알려져 있다. 특히, 프랑스의 황제 나폴레옹은 50여 년의 생애 동안 무려 8,000여 권에 달하는 책을 읽었다고 하는데, 총탄이 빗발치는 전쟁터에서조차 책을 놓지 않았다고 하는 그의 독서 습관은 그를 더욱 영웅답게 하는 훌륭한 습관이라 할 만하다.

이른바 '동네 시계'라고 일컬어질 만큼 시간을 정확하게 지키는 생활 습관을 지닌 철학자 칸트, 자신이 늘 가지고 다니는 메모지와 만년필을 실험실로 여길 만큼 늘 메모하는 습관을 가지고 있었던, 상대성 이론의 위대한 물리학자 아인슈타인은 물론, 대부분의 화가

들이 자기 작품에 사인을 하는 것과는 달리 자기 작품에 사인하지 않는 습관을 가진, 르네상스 시대의 대표적인 화가 미켈란젤로에 이르기까지 그들의 버릇은 단순한 버릇 이상의 삶의 소중한 가치를 내재하고 있다는 생각이 든다. 어쩌면 이러한 습관들은 그의 삶 전체를 바로세우는 중요한 역할을 수행하고 있었던 것인지도 모를 일이다.

반대로 나쁜 버릇은 그 사람의 삶 전체를 수렁 속으로 빨아들일 만큼의 엄청난 흡인력을 가지고 있다. 빠져 나오려고 하면 할수록 수렁은 더 빠른 속도로 사람을 집어삼켜 비극적인 운명의 시간을 앞당길 뿐이요, 속수무책으로 기다리는 일 외에 아무 것도 할 수 없게 하는 것 또한 사실이다.

개인적인 생활 습관이나 행동 방식에서 얻어진 단순한 버릇은 큰 문제가 되지 않는다고 생각하는 사람이 혹 있을지 모르겠다. 하지만 그것은 결코 그렇지 않다. 이른바 '목터널증후군'이라는 병은 잘못된 자세가 습관이 되어 생기는 병으로 알려져 있는데, 이것은 버릇이 단순한 버릇으로 그치지 않고 심각한 문제를 일으킬 수 있는 가능성을 내재하고 있음을 증명하는 것이다.

실제로 나쁜 습관은 단순한 반복 수준을 넘어 타인의 삶에까지 영향을 끼치게 되는 경우가 많다. 특히, 사회의 구조가 복잡하고 다양해진 현대 사회에선 더욱 그렇다. 도박의 경우를 보자. 본전 생각에 한 번 두 번 발을 들여놓다가 본전을 찾기는커녕 모든 것을 잃고 길거리로 나앉게 만들 수 있다. 특히 '바다 이야기' 같은 도박성 게임이 많은 사람들에게 주는 이유 모를 상실감과 박탈감은 나쁜 습관의 폐해를 단적으로 보여준다. 또한 습관적인 절도의 경우, 이것은 타인에게 물적인 피해를 입힘은 물론, 노동을 통해 자기 몫을 얻어야 하는 건강한 사회 분위기마저도 해칠 수 있는 나쁜 습관이다. 현실 인지 능력을 현저하게 떨어뜨려 자신을 비롯한 타인에게 위해를 가하기도 하고, 급기야는 자신의 삶을 파국의 길로 접어들게 하는 마약 중독과 같은 습관 또한 심대한 위험성을 안고 있다. 이처럼 잘못 들인 버릇은 자신의 삶은 물론 타인의 삶, 나아가 사회 전체에까지 위해를 가할 수 있는 심각한 버릇이다.

「성공하는 사람들의 7가지 습관」을 지은 스티븐 코비는 그의 책에서 인생의 성공을 위한 7가지 좋은 습관에 대해 이야기한 바 있다. 그것은 '주도적이 돼라, 목표를 확립하고 행동하라, 소중한 것부터 먼저 하라, 상호 이익을 추구하라, 경청한 다음에 이해시켜라, 시너지를 활용하라, 그리고 심신을 단련하라' 등의 7가지다. 모두 인생을 성공으로 이끌기 위한 중요한 습관들이다.

그런데 그의 아들 숀 코비는 아버지의 가르침을 자신의 실제 삶에 적용시킨 「성공하는 10대들의 7가지 습관」에서 실패한 인생을 살게 하는 7가지 습관에 대해 이야기하며 나쁜 버릇들이기에 대해 경계한다. 그것은 '대응적으로 반응하라, 목표 없이 행동하라, 소중한 것을 나중에 하라, 자기만의 이익을 모색하라, 먼저 이해시키려 하고 그 다음에 경청하는 척하라, 서로 협력하지 마라, 심신을 피곤하게 하라' 등의 7가지다. 인생의 성공과 실패에 관계된 정반대의 이야기지만, 모두 버릇들이기가 얼마나 중요한 것인지를 역설하는 것이라 할 수 있다.

바늘 도둑이 소 도둑 된다는 말이 있다. 아무리 사소한 도둑질도 습관이 되면 큰 도둑질을 하게 된다는 것이다. 그래서 당장은 작은 습관도 나쁜 것이라면 습관이 들기 전에 막아야 하는 것이요, 좋은 습관은 한시라도 빨리 몸에 배도록 해야 하는 것이다.

삶 속에서 곰삭은 조상들의 삶의 지혜는 천금과도 바꿀 수 없는 소중한 가치를 지니고 있다. 우리 조상들은 예부터 나쁜 버릇들이기를 경계하고 좋은 버릇들이기를 권장했다. 왜냐하면 그 버릇은 그 사람의 삶을 좌지우지(左之右之)할 만큼 중요하게 생각되었기 때문일 것이다. 많은 사람들이 식사하는 식당에서 안하무인(眼下無人)으로 뛰어다니며 장난치는 아이, 남에게 피해를 주고도 미안해 할 줄 모르는 아이, 남의 배려를 입었음에도 감사할 줄 모르는 아이……. 이 아이들은 모두 버릇을 잘못 들인 탓으로, 버릇들이기의 중요성을 망각해가고 있는 오늘 우리의 슬픈 얼굴이다.

버릇들이기는 한 개인의 삶의 차원에서도 중요하다. 하지만 타인과 공동체를 향한 배려라는 측면에서 더욱 중요하다. 따라서 우리는 이 버릇들이기를 위해 다시 '잔소리'를 해야 하고, 놓았던 회초리를 다시 들어야 할 필요성이 있다. 이것이 소중한 가치를 갖는 훌륭한 덕목을 잃어버리지 않을 지름길이다.

긍정의 힘

그리스 신화에는 피그말리온이라는 조각가가 등장한다.

어느 날 피그말리온은 아름다운 여인상을 조각하게 되는데, 자기가 조각한 그 여인상이 어찌나 아름답던지, 피그말리온은 그만 그 여인상을 진심으로 사랑하게 되고 만다. 그의 이러한 사랑에 감동한 여신 아프로디테가 그 여인상에 생명을 불어넣어 주면서 피그말리온은 드디어 온전한 사랑을 이루게 된다. 진심으로 바라고 믿은 그의 마음이 그를 비극적인 사랑의 주인공이 아닌 행복한 사랑의 주인공으로 뒤바꿔 놓은 것이다.

흔히 타인의 긍정적인 기대나 관심으로 인해 어떤 일의 능률이 오르거나, 그에 상응하는 긍정적인 변화가 생겨날 때, 이를 '피그말리온 효과'라고 한다. 삶의 순간순간 '긍정'의 힘이 얼마나 중요한 것인지, 이러한 '긍정'의 힘이 얼마나 위대한 결과를 만들어낼 수 있는지 이 신화는 상징적으로 보여준다. 신화 속의 허구적인 이야기이지만, 허구가 개연성(蓋然性)을 전제로 한다는 점을 생각하면 신화가 인간의 삶에 시사(示唆)하는 바가 결코 작지 않음을 알 것이다. 이렇듯 긍정의 힘은 불가능조차 가능으로 탈바꿈시킬 만큼 위대한 것이다.

'할 수 있다.'는 긍정적인 신념이 불가능할 것 같던 생각을 현실로 뒤바꿔놓은 경우를 우리는 수없이 경험한다. 어느 날 침묵으로 따스하게 안아주는 어머니의 말없는 몸짓이 따끔한 회초리와 수차례의 훈계에도 일탈 행동을 그치지 않던 자식을 반항과 일탈의 늪에서 끌어올릴 수 있는 것이다. 웃음이 불치의 병마로부터 환자를 일으켜 세우는 창조적인 에너지가 될 수 있는 것이다. 심지어 긍정적인 말로 키운 식물이 그렇지 않은 식물에 비해 잘 자랐다는 실험 결과도 있다.

우리 현대사의 산 증인이요, 한국 정치의 거목 김대중 전 대통령이 서거(逝去)했다. 얼마 전 노무현 전 대통령의 갑작스런 자살로 실의에 빠졌던 우리 국민에게 닥친 큰 지도자의 죽음은 우리 국민을 또 한 번 넋을 잃게 했다.

고(故) 김대중 전 대통령의 삶을 평가하며 만들어 붙인 수식어가 많지만, 나는 그의 긍정적인 가치관에 주목하고 싶다. 특히, 대통령직인수위원회를 가동하면서 바닥이나 다름없는 외환 보유고를 목격

했을 때, 장차 대통령이 되어 이 나라를 이끌어야 할 사람의 마음은 어떠했을까? 나라가 파탄나기 일보 직전의 상황, IMF에 부끄러운 구제 금융을 요청할 수밖에 없는, 어느 누가 보더라도 절망적일 수밖에 없는 상황 앞에서도 대통령은 당당히 '할 수 있다.'를 외쳤다. 그 결과 우리 국민은 과거 국채보상운동의 전통을 살려 '금 모으기 운동' 등 나라 살리기에 똘똘 뭉쳐 나서며 세계를 놀라게 했고, 다른 어느 나라보다도 빨리 구제 금융의 오명(汚名)을 벗을 수 있었다. 현대사의 질곡(桎梏)과 파란만장한 삶 속에서도 그가 꿋꿋하고 당당하게 한국 정치를 이끌어올 수 있었던 힘도 바로 이 긍정의 삶의 철학에서 나온 것이었다고 나는 생각한다.

2002년 월드컵의 감동을 기억하는가? 주최국이라는 유리함이 있긴 했지만, 2002년 월드컵 당시 우리나라가 4강에 오르리라는 것은 불가능에 가까운 것이었다. 폴란드를 2:0으로 이기며 월드컵 출전 사상 첫 승을 일구어낸 것을 시작으로 우리나라는 이후 단 한 차례의 패배도 없이 4강을 이루어냈다. 국민의 열망에도 불구하고 그동안의 월드컵에서 우리는 패하는 것에 익숙해 있었고, 그나마 비기면 다행인 나라였다. 그런데 그런 나라가 첫 승에 예선 통과는 물론 8강을 넘어 4강까지 이루어낸 것은 실로 엄청난 일이 아닐 수 없다. 물론 이러한 성과를 이룰 수 있게 한 데는 많은 요인들이 작용했을 것이다. 그러나 '꿈은 이루어진다.'라는 긍정의 힘이 큰 힘을 발휘했음에 이의(異意)를 제기할 사람은 없을 것이다.

베이징 올림픽 수영 금메달리스트 박태환 선수의 인터뷰에서 난 그의 미래를 보곤 한다. 수영 신동(神童)이라는 칭호를 들을 만큼의 탁월한 수영 실력도 인정하는 바지만, 늘 얼굴을 떠나지 않는 해맑은 웃음과 자신에 대한 솔직한 인정, 상황에 대한 긍정적인 판단을 바탕으로 경기를 즐길 줄 아는 능력이 무엇보다 내가 그의 미래를 밝게 보는 핵심적인 이유다.

옥의 티라는 말처럼 장점보다는 단점이 잘 보이는 것이고, 긍정과 인정보단 부정과 비판에 익숙한 것이 우리네 일상적인 행동 방식이다. 습관적으로 일삼는 부정과 비판을 긍정과 인정을 통해 창조적인 에너지로 승화시켜야 한다. 또한 이 에너지는 시너지 효과를 발휘하며 사회 전반에 만연(蔓延)해 있는 갈등과 반목(反目)을 치유해 줄 것이다.

무려 3톤이나 되는 거구의 고래가 어떻게 관중들 앞에서 그렇게 멋진 쇼를 연출하게 되는 것일까? 고래도 '칭찬'에 춤을 춘다고 한다. 고래로 하여금 춤을 추게 하는 것은 조련사의 채찍도, 맛있는 먹이도 아니다. "넌 잘 해 낼 거야.", "잘 했어.", "잘해 보자." 하는 긍정의 말 한 마디가 채찍이나 맛있는 먹이보다 훨씬 큰 힘을 발휘한다는 것이다.

긍정은 우리 삶에 아름다운 꽃을 끊임없이 피워낸다. 긍정이 피워내는 꽃은 이 세상 어떤 꽃보다 아름답다.

이야기

이야기의 본질은 가르침에 있다. 하지만 그 가르침은 촉감으로 따지면 딱딱하고, 맛으로 따지면 쓰다. 그래서 그 가르침 그대로는 아무리 옳고 좋은 것이라도 공허하여 쉬이 가슴에 스며들기도, 머리에 담기기도 어려운 경우가 많다.

물론 딱딱해야 할 것은 딱딱해야 맛이고, 쓴 것은 써야 하는 것이 진실이라 할 것이다. 하지만 보통의 사람들은 이런 것을 싫어해서, 딱딱한 것도 이왕이면 딱딱하지 않길 바라고, 쓴 것도 그 맛이 쓰지 않기를 바란다. 그래서 이야기는 '재미'라는 요소 하나를 더 가지게 된다. 이 재미를 통해 딱딱함과 쓴맛을 상쇄(相殺)시킴으로써 더 큰 효과를 만들어내려는 것이다. 마치 혀끝에 감기는 달콤함

속에 소태처럼 쓴 약을 숨기고 있는 당의정처럼 말이다.

이야기는 각양각색의 옷을 입고 우리를 찾아온다. 신화, 전설, 민담 등의 옛이야기는 물론, 소설이나 희곡에 이르기까지 다양한 형태의 이야기들이 독특한 이야기의 틀을 재미로 그 속에 삶의 진실들을 담아낸다. 이러한 이야기는 우리의 머리와 가슴을 넘나들며 삶을 시비(是非)하고, 이것이 화두(話頭)가 되어 또 다른 이야기를 만들어내기도 한다. 끊임없이 만들어지는 파도처럼 숱한 의문 부호들로 머리를 채우게 하기도 하고, 어렵게 발견한 답을 대하며 쾌재(快哉)를 부르게 함은 물론, 깨달음의 즐거움을 상대방과 공유하는 행복을 만끽하게도 한다. 그래서 이야기는 예나 지금이나 끊임없이 만들어져 삶을 시비하고 있는 것이며, 앞으로도 그러할 것이다.

이야기는 상징(象徵)의 바다다. 상징은 추상적인 어떤 사물을 구체적인 대상물을 통해 나타내는 것이다. 촬영할 때 카메라 렌즈에 어떤 필터를 끼워 촬영하느냐에 따라, 같은 풍경도 다른 느낌으로 와 닿던 경험을 가지고 있는가? 상징은 이처럼 그것을 대하는 사람에게 새로운 인식의 창을 제공한다. 그래서 사람들은 그 창을 통해 그 대상의 본질에 접근하는 색다른 체험을 할 수 있게 된다.

출렁대는 바닷물 속에 많은 것들을 품고 있는 바다처럼, 상징의 바다엔 많은 상징들이 그 나름의 의미로 살아 있다. 우리는 그 상징의 바다 속에서 때론 각양각색의 물고기를 따라 유유히 헤엄치기도 하고, 때론 아름다운 산호의 형상에 취해 넋을 잃기도 하며, 또 때로는 난데없이 나타난 수초에 발목이 묶여 허우적거리기도 한다.

흥미라는 거울로만 비춰보면 이야기는 '꾸며낸 것' 외의 아무 것도 아닌지 모른다. 그러나 흥미로 치장한 이야기 속엔 단순히 넘길 수 없는 인간 세상의 삶의 진실들이 보석처럼 숨어 빛나고 있다. 이야기의 틀을 빌려 말하고 있지만, 이야기의 틀을 깨고 들어가면 거기엔 아침이슬처럼 영롱한 삶의 진실이 숨어 있다는 얘기다.

이야기를 읽으며 개안(開眼)의 순간을 경험한 적이 있는가? 마치 라식 수술이라도 하듯 의식의 눈을 뒤덮고 있던 무지몽매(無知蒙昧)의 꺼풀 하나가 벗겨지는 그 순간, 가슴엔 희열의 샘이 솟는다. 이렇듯 이야기는 그 이면(裏面)에 의미 있는 삶의 진실들을 간직하고, 마치 동토(凍土)를 녹이는 봄 햇살처럼 새로운 경험과 깨달음의 세계를 제공한다.

때로는 으레 그러려니 생각하며 흘려버렸던, 가장 빛나는 순간을 위해 안으로 감추고 감춘 진주 같은, 삶의 진실들을 물고 의식의 수면으로 찬연히 떠오르기도 하고, 또 때로는 인간의 어리석은 삶에 대한 엄중한 경고의 화살을 날리며 피폐한 머릿속을 꿰뚫을 듯 육박하며 날아오는 경우도 있다. 그래서 이야기가 내재하고 있는 상징의 바다 속을 헤엄치는 일은 고정관념에 사로잡힌 머릿속에 신선한 자극을 주고, 타성에 젖은 삶의 습관을 돌이켜보게 하는 그 나름의 의미 있는 작업이라 할 수 있다.

이야기는 상징과 비유(比喩)를 통해 만들어가는 우의(寓意)의 세계다. 그래서, 날카로운 직설(直說)이 많고, 유머와 재미보다는 딱딱한 고지식과 원칙이 많은 내게는 잠시나마 나를 돌아보게 하는 충고자의 역할을 충실히 수행한다. 까시러진 부분이 많아 남의 충고를 받아들이는 데 인색한 탓에 이야기는 내게 원칙과 직설보다 강한 채찍질을 가하곤 한다.

실제는 실제대로, 허구는 허구대로 이야기는 자기에게 주어진 대화 방식으로 끊임없이 삶을 말한다. 하지만 모든 이야기는 살아 있는 양심이어야 한다. 삶의 순간순간 왜곡(歪曲)되기 쉬운 가치관에서부터 뚜렷한 역사의식 없이 현실에 안주(安住)하거나 눈앞의 이익에 매몰된 초라한 자아의 모습에 이르기까지 이야기는 속속들이 보여주어야 한다.

이야기를 만날 때 난 벌거숭이가 되고 싶다. 왜냐 하면 그래야 내 모든 것이 보이고, 더 이상 벌거벗을 필요가 없을 만큼 최선을 다해 살겠기 때문이다.

이야기를 만들어내는 작가로서, 내가 만드는 한 줄의 이야기도 이런 양심이 살아 있는 이야기였으면 좋겠다.

액셀러레이터와 브레이크

적어도 자가 운전을 하기 전 내게 자동차란 그저 나를 목적지까지 이동시켜 주는 기계 장치에 지나지 않았다. 첫아이를 얻고 5년 만에 둘째아이를 가지면서 더 늦기 전에 운전을 배워야 한다는 생각이 들어 운전 학원을 다녔고, 면허를 취득했다. 그리고 난생 처음 승용차를 구입해 운행을 하면서 이동 불편으로 엄두를 내지 못하던 일도 쉽게 실행에 옮길 수 있게 됐을 만큼 승용차는 내 삶의 양식의 상당 부분을 바꾸어 놓았고, 이와 함께 매력적인 문명의 이기(利器)로 인식되었다. 그러나 이때까지도 이것만은 미처 깨닫지 못했다.

운전을 하려면 기본적으로 작동시켜야 하는 것들이 많지만, 그 중에서도 가장 기본적인 것이 액셀러레이터와 브레이크일 것이다. 액셀러레이터는 가속을 위한 기계 장치요, 브레이크는 감속과 정지를 위한 기계 장치라는 사실은 운전을 할 줄 모르는 사람도 다 알 것이다. 하지만 운전을 하고 상당한 시간이 흐르도록 페달을 밟았을 뿐, 속도위반으로 범칙금을 내고, 몇 번의 소소한 사고를 내고 당하면서도 이 두 기계 장치에 대한 특별한 생각이나 감흥을 가져본 적은 없었다.

그런데 타던 차를 아내에게 내주고 지금의 차를 구입해 운행하던 어느 날 문득 이 두 기계 장치에 얹히던 삶의 진실! 이들로부터 새록새록 내게 전달되는 메시지에 귀를 기울이며 시동을 걸 생각도 잊은 채 앉아 있던 그때의 기억은 지금도 생생하다. 그로부터 그 메시지는 내 삶 곳곳에서 관조(觀照)할 여유를 만들어주곤 한다. 운전을 하지 않을 때는 더러 잊는 때도 있고, 그래서 때늦은 후회를 할 때도 있지만, 운전석에 앉아 이들을 조작해 차가 움직이기 시작하면 내 의식은 자연스레 삶을 반추(反芻)하는 작업에 돌입한다.

운행 상황엔 액셀러레이터를 밟아 가속을 해야 할 때가 있고, 브레이크를 밟아 속도를 줄이거나 아예 정지를 해야 할 때도 있는 것이다. 목표점까지 가기에 남은 시간이 촉박하다면 액셀러레이터를 밟아 속도를 내는 것은 당연한 일이다. 설령 규정 속도 이상의 위반을 하여 적발됐다 해도 심정적으로는 이해될 수 있는 부분도 있는 것이다. 그러나 반드시 그렇기만 한가?

규정 속도를 훨씬 초과하는 속도로 곡예하듯 운전하는 사람들은 물론, 이유 없는 조바심으로 가속하여 이웃 차선의 차를 위협하는 사람도 많고, 추월이 필요해 속도를 내면 덩달아 가속해 추월을 방해하는 못된 심보를 가진 사람도 있다. 심지어 다른 사람은 아랑곳하지 않은 채 한밤중 무서운 속도와 굉음으로 도로를 유린하는 폭주족도 많다. 아우토반이라면 모르겠으되, 규정 속도를 요하는 도로에서의 이런 운전은 자칫 사고로 이어질 수도 있고, 운전자 자신은 물론 타인의 생명을 앗아가는 엄청나게 불행한 운명을 가져오기도 한다. 이렇듯 주어진 상황에 맞는 기계 조작은 자동차를 이용하는 목적을 최대한 안전하게 달성하게 하는 절대적이고 필수적인 요소다.

운행이 속도에만 모든 것을 내맡겨서는 안 되는 것이라면, 여기에는 반드시 조절하는 과정이 필요하다. 그래서 안전한 감속과 정지를 위해 차량엔 여러 가지 제동 장치가 마련돼 있는 것이다. 통상 우리나라의 보안 기준은 두 계통 이상의 브레이크를 요구하고 있다고 한다. 이 중 가장 일상적으로 사용하는 것은 서비스브레이크로 발로 밟아 제동을 하기 때문에 '풋브레이크'라고도 한다. 또 하나는 사이드브레이크인데, 보통 정차나 주차를 할 때 사용하기 때문에 '주차 브레이크'라고도 하고, 손으로 당겨 조작하기 때문에 '핸드브레이크'라고도 한다. 또 보통 긴 언덕길을 내려갈 때나 시속 100km 이상의 고속 운행 중 제동이 필요한 상황에서는 엔진브레이크를 사용하는데, 이것은 엔진과 변속기의 작동에 의해 제동 효과를 얻는 것을 말한다.

이렇게 자동차는 운행 상황에 따라 사용할 여러 가지 제동 장치를 마련하고 있다. 이것은 움직이는 것보다 속도를 줄이고 멈추는 일이 훨씬 더 중요하다는 것을 증명하는 것이다. 멈춰야 할 때 멈추지 않는다면 사고로 이어질 수밖에 없고, 심하면 생명에 지장을 초래하니, 속도를 줄이고 멈추는 일은 빨리 가는 일보다 훨씬 더 중요한 일임에는 틀림이 없다.

시동을 걸고 정상적인 운행을 하려면 액셀러레이터를 밟아 가속해야 한다. 그러나 여기엔 브레이크를 통해 속도를 줄이거나 정지하는 과정이 전제되어 있는 것이다. 따라서 브레이크는 액셀러레이터에 비해 그 중요성이 더 크다는 생각이 든다. 죽음밖에 선택의 여지가 없는 사람이라면 모르겠으되, 이런 사람이 아니라면 이 세상의 어떤 사람이 멈출 수 없는 속도를 즐기려 하겠는가? 언제든 멈출 수 있음이 전제가 돼 있기에 합법이든 불법이든 속도를 즐길 수 있는 것 아니겠는가? 감속이나 정지가 불가능하다면 가속도 의미 없다. 가속이 불가능하다면 감속이나 정지도 의미 없다. 결국 가속과 감속 또는 정지는 자동차가 온전히 제 기능을 수행하게 하는 핵심 축이요, 맞물려 돌아가야 하는 톱니바퀴인 셈이다.

그런데 이러한 운전 상황을 토대로 유추해 보면 우리의 삶에도 이와 다르지 않은 상황들이 적지 않다. 공기(工期)를 맞추기 위해 지나치게 서두르다가 날림 공사를 자초해 건물이 무너져 내리거나, 공사를 마치고 난 건물의 여기저기에 발생한 하자(瑕疵)로 인해 불필요한 불편과 갈등을 야기하는 경우가 심심치 않게 입길에 오르내리곤 한다. 참고 기다려야 할 상황에서, 아니 그래야 할 상황임을 알고 있음에도 불구하고 순간의 감정을 조절하지 못해, 해서는 안 될 말로 구설수(口舌數)를 만들고, 끝내는 자기 인생에 씻기 어려운 오점을 남기는 경우도 허다하다. 정치인, 연예인 등의 공인은 말할 것도 없고 사적으로 만나는 사람들 가운데도 이런 사례가 적지 않다.

자동차의 브레이크처럼 삶도 나아가는 것 못지않게 멈추고 물러섬은 중요하다. 나아가야 할 때 나아가지 못하고, 멈추고 물러서야 할 때 그리하지 못한다면 여기에서 불필요한 삶의 불편과 갈등이 발생하는 것이 우리네 삶이다. 따라서 목표를 향해 에너지를 집중해 나아가는 일도 중요한 일이기는 하나, 멈추고 물러서야 할 때를 알아 처신하는 것도 우리네 삶이 갖추어야 할 지혜임을 잊어서는 안 된다.

한 무제 때의 역사가 사마천의 《사기(史記)》 〈범저채택열전(范雎蔡澤列傳)〉에 나오는 이야기다. 중국 진(秦)나라의 재상이었던 범저는 나이가 들면서 정책을 잘 펼치지 못해 왕의 신임을 차츰 잃어갔다. 이 소식을 들은 채택이 범저의 뒤를 이어 재상이 되기 위해 자기가 범저의 뒤를 이어 재상이 될 것이라는 소문을 퍼뜨렸다. 이 소문을 들은 범저가 채택을 데려다가 그 이유를 묻자 채택은,

“사계절의 차례도 공을 이루고 나서 다음 계절에 물려주고 갑니다[序成功者去]. 승상도 이미 공을 다 이루셨으니, 자리에 연연하지

말고 물러나 편안한 여생을 보내는 것이 현명하다고 생각합니다."

했다. 이 말을 들은 범저는 채택에게 재상의 자리를 물려주었다. 여기에서 유래한 '성공자거(成功者去)', '성공자퇴(成功者退)' 또는 '성공신퇴(成功身退)'라는 말은 성공을 이루었으면 자신의 자리에 얽매이지 말고 때를 맞춰 물러나야 근심이 없다는 의미를 가지고 있다.

만약 범저가 물러설 때를 부정하고 끝까지 자기 자리를 고수했다면 어땠을까? 정책을 잘 펼치지 못해 왕의 신임은 더욱 떨어지고, 이것이 몸과 마음의 병을 키워 낙심 속에 살다가, 급기야는 왕으로부터 내쳐지는 운명에 처하게 됐을지도 모르는 일이다. 하지만 범저는 채택의 말을 받아들여 이 모든 사태로부터 자기 자신을 지키는 슬기로운 선택을 한 것이다.

자기 것에 대한 욕망과 집착으로 제때를 분별치 못해 생기는 병이 우리네 삶엔 얼마나 많은가? 액셀러레이터와 브레이크는 삶의 곳곳에 도사리고 있는 욕망과 집착의 늪에서 오늘도 나의 일상을 지키는 전초(前哨) 기지다.

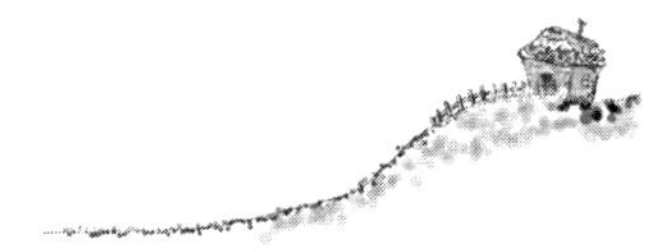

내 마음에 생긴 흉터 하나

자신이 공 들여 쌓은 탑이 손 한 번 제대로 쓰지 못 한 채 한 순간에 무너져 내리는 모습을 지켜보는 사람의 심정이 이와 같을까? 우리말을 아껴야 한다고 역설(力說)했고, 스스로 그리하고 있다고 자부해 왔는데, 그 자존심의 탑이 허물어져 내리는 모습을 난 아무런 저항도 하지 못한 채 지켜봐야만 했다. 한 마디 말을 무심코 내뱉은 것뿐이었는데…….

어머니 생신에 가족들이 모이기로 해 모처럼 고향을 찾았다. 음식 장만을 위해 아내가 시장을 보러 가자고 했다. 그래서 큰동생과 아내를 차에 태우고 장을 보러 나섰다.

내 고향집은 예나 지금이나 교통이 불편하다. 시내라도 나가기 위해 버스를 타려면 적지 않은 다리품을 팔아야 했다. 그러니 자동차가 없을 땐 제일 큰 문제가 이동하는 것이었다. 특히, 무거운 짐이라도 있거나 비나 눈이라도 내리는 날은 출발 전부터 짜증이 날 만큼 이만저만 불편한 것이 아니었다.

사람이란 편안함에 쉬이 길들여지는 존재인가 보다. 자동차가 생기니 늘 걸어다니곤 하던 길도 자동차의 발을 빌리는 경우가 많아졌다. 운동이나 산책을 하는 등 발이 할 일을 일부러 만들어야 할 만큼 발이 감당해야 할 상당 부분을 자동차가 대신하게 된 것이다.

버스를 내려 고향집까지 들어가는 길엔 지금도 길다운 길이 없다. 좁은 소로가 고작이다. 그러니 도로 포장은 생각할 수도 없다. 더군다나 시장에 가기 위해 집을 나섰을 때는 간밤에 얼었던 땅이 녹아 길이 질척질척했다. 아스팔트와 콘크리트에 익숙해진 탓에 가끔은 그 비포장길이 그리워지기도 했었다. 그러나 자동차를 운전하게 되면서 세차할 생각을 하면 그리움 대신 짜증이 밀려오기도 했다. 놓여진 상황에 따라 수시로 생각이 바뀌는 나도 어쩔 수 없는 보통 사람이라는 생각을 하면 조금은 씁쓸해지기도 했다.

최대한 속도를 낮춰 운전했지만, 차 밑에서 벌어진 전쟁을 막을 수는 없었다. 바퀴에 붙어 올라온 진흙이나 작은 돌들이 튀어 차 밑 여기저기에 부딪치는 소리가 들리기 시작했다. 처음엔 소총 사격하듯 간간이 들리더니, 비포장길을 벗어나 포장도로에 들어서면서는 아예 기관총 소리로 돌변했다. 마치 자신을 짓밟는 자동차에 반항이라도 하듯 그 소리는 그치지 않았다. 아니, 어쩌면 비포장길에 익숙하지 않은 바퀴가 짜증을 내는 것인지도 몰랐다.

"아휴, 시다바리 난리 났겠구먼."

세차 걱정을 하며 난 이렇게 짜증을 냈다. 바퀴가 털어낸 흙과 잔돌들은 어느 새 내 귓속까지 점령해 버렸다. 거울에 언뜻 비친 내 얼굴은 마치 버려진 원고처럼 구겨져 있었다.

"아니, 국어 선생님이 '시다바리'가 뭐유?"

난데없는 동생의 질책이 들어왔다. 남들은 그런다고 해도 국어 선생인 나만은 그러지 말아야 한다는 것이 동생의 논리였다. 농담 비슷하게 흘린 말이었지만, 그 말은 뾰족한 송곳이 되어 내 뒤통수에 꽂혔다. 순간, 난데없는 기습이라도 당한 것처럼 몸이 뻣뻣해지는 느낌이 들었다. 등줄기에 식은땀조차 나는 것 같았다.

하지만 난 아무런 대꾸도 하지 않았다. 왜냐 하면 그 동안 내가 쌓아 온 자존심의 탑이 흔들리고 있었기 때문이다. 어떤 말이라도 하면 와르르 무너져 내릴 것만 같은 위기감이 나의 입을 막아 버렸다. 그럴 수도 있는 일 아니냐고, 머릿속에선 어떤 말이라도 하라는 명령을 했지만, 난 그 명령을 무시한 채 운전하는 데만 열중했다. 왜냐 하면 그 변명이 나를 더욱 초라하게 만들지도 모르는 일이기 때문이다.

"차 밑 한 번 봐야겠네."

동생의 한 마디에 상처받은 자존심을 조금이나마 회복하고픈 마음이었을까? 목적지에 거의 다다랐을 무렵, 가슴 밑바닥에 초라하게 떨어져 있던 돌조각 한 개를 주워들며 난 이렇게 말했다. 그리고 동생의 눈치를 살폈다. 동생은 아무런 반응을 보이지 않았다. 그리고 잠시 후 아내와 동생은 장을 보기 위해 차에서 내렸고, 그 사이 내 가슴은 나를 향한 채찍질을 시작했다.

흔히, 남의 눈에 든 티는 잘 보면서 나의 눈에 든 들보는 보지 못 한다는 말을 한다. 또한 슬기로운 사람은 남에겐 너그럽고 자신에겐 엄격하다고도 한다. 이 말을 거울삼아 비춰 본 나의 초상은 초라하기 그지없었다. 그럼에도 불구하고 고고한 척 살아왔다는 생각을 하니 얼굴이 화끈거리기까지 했다. 제 입은 온통 역한 입냄새로 진동하면서 남의 이에 낀 고춧가루를 탓한 꼴이 되지 않았는가?

말은, 흘러가면 돌아오지 않는 물과 같아 한 번 뱉으면 주워 담을 수 없는 것이다. 나도 적당히 망각할 수 있는 인간이기에, 우울한 기억은 부닥치는 여러 가지 일들 속에 자연스레 묻힐 것이다. 하지만 낙인처럼 보기 흉하게 일그러진 마음 속 흉터는 세월로도 쉬이 가릴 수 없을 것 같아 우울하고 씁쓸한 마음은 어쩔 수 없었다.

어떤 인사

I

“차렷!”

수업 시간이 되어 교사가 입실하자, 반장 학생의 구령이 떨어진다.

“경례!”

“안녕하세요?”

하던 일을 미처 끝내지 못한 듯 아직도 어수선한 아이들 머리 위에 반장 학생의 습관적인 구령이 이어진다. 아이들은 어설픈 부동자세로 고개를 숙인다. 구령에 따라야 하지만, 하던 일이 마무리되지 않았고, 그렇다고 구령을 무시하고 하던 일을 계속하기도 어려운 어정쩡한 상태에서 아이들은 마지못해 인사한다. 아이들은 이런 인사에 습관이 돼 버렸고, 나도 특별한 반감은 없이 오랜 시간 이렇게 아이들을 만나 왔다.

그러나 난 언제부턴가 군대식의 딱딱한 구령과 경직된 인사 분위기가 못마땅하게 느껴지기 시작했다. 더군다나 반장 학생의 구령과 아이들의 행동이 따로 놀고 있는 분위기가 이상하게 느껴졌다. 무릇 구령이란 많은 사람들을 같은 행동으로 통일시키는 데 본질이 있을진대, 행동의 통일과는 거리가 먼 이 부조화 앞에서 나도 모르는 사이에 얼굴이 찌푸려지곤 했다. 이런 상황에서 구령은 더 이상 구령으로서의 의미를 상실한 것이다. 구령을 붙이는 반장 학생도, 이에 따라 인사를 하는 아이들도 기계처럼, 그저 정해진 순서에 따라 입을 놀리고 행동할 뿐 그 어디에서도 상대방을 향한 마음을 찾을 수 없다면 이건 이미 인사가 아니라는 생각이 들었다. 또한 인사를, 억지로 해야 하는 하기 싫은 일처럼 생각하는 것은 아닌가 하는 느낌에 마주 인사하는 마음이 내내 불편했다.

그렇다고 해서 이런 아이들의 인사 태도를 그대로 놓아둘 수는 없는 일이었다. 하지만 고민을 거듭해도 이렇다 할 방법은 찾아지질 않았다. 그렇다고 인사 교육을 포기하는 일은 더더욱 있어서는 안 되는 일이었다. 순간순간 아이들을 질책하고자 하는 마음이 고개를 들었지만, 난 마치 두더지잡기 게임이라도 하듯 애써 마음을 접었다. 왜냐하면 당위성에 입각한 딱딱한 인사 교육은 아이들에게는 한낱 고리타분한 '잔소리'로 느껴질 수 있기 때문이다. 적어도 인사는 억지로 해야 하는 하기 싫은 일이 되어서는 안 되는 일이다. 물론 이런 잔소리는 필요한 것이다. 하지만 난 고리타분한 '잔소리'를 하지 않고도 교육적인 목적을 자연스레 달성할 수 있는 방법을 찾기 위해 고민했고, 한참을 숙고한 끝에 새로운 인사법 하나를 생각해 내게 되었다.

II

"나는 나를 사랑합니다."

수업을 위해 교실에 들어가며 내가 이렇게 선창을 한다. 먼저 인사하는 것이다. 반장 학생의 딱딱한 구령은 없다. 다만 자연스럽게 인사하며 만날 뿐이다.

"나는 나를 사랑합니다. 안녕하세요?"

아이들은 내 말을 되풀이하며 인사한다. 인사를 하며 삶의 소중한 덕목 한 가지씩을 마음속에 새기는 것이다.

이 세상의 많은 사랑 중에 가장 기본이 되는 것은 자기 자신에 대한 사랑일 것이다. 타인에 대한 사랑은 나에 대한 사랑의 확산이라고 말할 수 있다. 그래서 새로운 인사법과 함께 난 그 인사에 자기 자신에 대한 사랑을 메시지로 담고자 했다. 이렇게 인사하는 동안 아이들은 자기 자신이 얼마나 소중한 존재인가를 생각해 볼 것이라는 믿음으로 말이다.

사랑한다는 표현에 익숙하지 않았기 때문일까? 아니면 기존의 인사법에 너무도 익숙해져 있어 색다른 인사법이 낯설었기 때문일까?

이렇게 인사를 시작한 처음 한동안 아이들은 어색하고 쑥스러워했다. 그래서 인사를 마치고 나면 교실은 한동안 술렁거렸고, 서로의 얼굴을 건너다보며 킥킥거리는 아이들도 많았다. 그러나 시간이 흐르면서 이 인사법은 아이들과 나의 거리를 좁혀 주는 우리만의 인사법으로 자리를 잡아가기 시작했다. 아이들의 기분에 따라 약간의 차이는 있었지만, 이렇게 인사하는 아이들의 분위기는 대체로 이전에 비해 생기 있어 보였다.

"나는 가족을 사랑합니다."

"나는 친구를 사랑합니다."

"나는 대전을 사랑합니다."

아이들이 식상해질 무렵이면 난 인사말을 바꿨다. '사랑'을 기본적인 메시지로 '나'에 대한 사랑으로부터 시작한 메시지는 '가족'으로, '친구'로, 우리가 사는 지역 '대전'으로 확산시켰고, 지금은 내 나라 '대한민국'에 대한 사랑을 마음속에 새기고 있다. 처음 한동안 아이들은 다시 쑥스럽다는 반응을 보였지만, 그와 함께 기존의 인사말에 대한 식상함도 털어내고 있다는 느낌이 함께 들었다.

인사말을 바꾸려고 할 때 아이들은 다음 인사말은 뭘까 생각하는 눈치였다. 그리고 인사말을 이야기해 주면 또 잠시 술렁거렸지만, 빠르게 익숙해졌다. 그런데 바쁜 일 때문에 인사말 바꾸기를 잊고 있던 어느 날은 다음 인사말에 대해 먼저 물어오기도 했다. 그리고 인사말을 이야기해 주면, 아, 그럴 줄 알았다 하는 반응들을 보이며 좋아하기도 했다. 아이들은 이렇듯 새로운 인사법에 대해 관심을 나타냈다.

물론 새로운 인사법으로 인사를 시작한 처음 한 동안은 이전의 인사법에 비해 더 어수선한 분위기였던 게 사실이다. 하지만 익숙하지 않은 일이어서 그러려니, 명랑하고 활동적인 성격의 아이들이 많이 모인 학급 구성 때문이려니 하며 마음속에 이는 조바심을 눌렀다. 역시 예상대로 아이들은 빠르게 익숙해져갔다.

동시에 아이들 사이엔 학급에 대한 자부심도 생겨나고 있다는 느낌이 들었다. 다른 학급과 차별된 뭔가 다른 부분이 있다는 사실이 아이들을 하나로 결속하고 있는 것 같았다. 그 후로 학급 구성원의 결속력이 크게 작용하는 교내 각종 행사에서 아이들은 놀라운 집중력을 발휘하며 두각을 나타냈다. 물론 이 인사법 때문만은 아닐 것이다. 하지만 이 인사법이 학급 아이들이 결속하는 데 도움이 된 것만은 사실이라는 생각이 든다. 한 사람 한 사람의 개성이 강해서, 학기 초에는 그저 모래알 같기만 했던 아이들이 이렇게 결속할 수 있었다는 사실에 실은 나도 많이 놀랐다.

"선생님, 그거 아니잖아요?"

현장체험학습을 마치고 아이들을 귀가시킬 때, 무의식적으로 반장에게 인사 지시를 했던 적이 있다. 이 때 한 아이가 우리들만의 인사법이 있음을 상기시켰다.

"나는 대전을 사랑합니다."

"나는 대전을 사랑합니다. 감사합니다."

아이들은 학습장이 떠나가라 인사를 했다. 그러고도 개인적으로 얼굴 한 번 더 보이며 인사를 하고 웃으며 집으로 돌아갔다. 과공(過恭)은 비례(非禮)라 했지만, 많은 아이들이 인사도 없이 가 버리는 경우를 종종 보아오던 터라, 거듭하는 인사도 교육적으로 나쁠 것은 없다는 생각이 들었다. 나만의 착각인지는 모르지만, 집을 향해 가는 아이들의 발걸음은 분명 다른 반 아이들에 비해 생기가 넘쳤다.

III

이 세상은 다양한 부분이나 요소들로 이루어져 있다. 우리가 일상적으로 만나는 사물들만 하더라도 여러 가지 요소나 부분들의 역학 관계 속에 존재한다. 따라서 이들 요소나 부분들이 전체 속의 한 부분으로 자리하며 전체를 구성하기 위해서는 필요한 것이 있다. 그것은 위치와 관계, 그리고 역할이다. 어떤 부분도 전체라는 구조 속에서 그것이 있어야 할 위치에 있어야 하며, 다른 요소들과의 관계 속에서 일정한 역할을 수행해야 한다. 그래야 그 전체는 자연스럽고 아름다워 보일 것이다. 그러나 만약 그렇지 못하다면 그것은 아주 부자연스럽고 이상하게 보일 수밖에 없다. 가정에서는 부모 자식 간의 질서가 어지러워지고, 사회에서는 장유(長幼)의 질서가 무너지고 있는 현실은 그래서 슬픔을 갖게 한다.

인사는 상대방에 대한 마음의 표현이요, 나와 상대방 사이의 관계와 질서에 대한 표현이다. 이런 의미에서 인사란 말 그대로 사람이라면 누구나 당연히 해야 하는 일로 인식되는 것이다. 예로부터 동방예의지국이라 일컬어져 온 우리나라의 인사 교육은 어려서부터 가장 기본적인 예절 교육이었다. 인사 잘 하는 아이를 칭찬함으로써 인사 습관을 몸에 배도록 함은 물론, 어른을 보고도 인사할 줄 모르는 아이를 가장 버릇없는 아이로 꾸짖었던 것이다. 이것이 물 흐르듯 상하의 질서를 갖출 수 있게 하고, 나아가 아름다운 사회의 모습을 창출할 수 있었던 것이다.

"나는 대한민국을 사랑합니다."

"나는 대한민국을 사랑합니다. 감사합니다."

아이들이 정든 교정을 떠나갈 졸업일이 이제 얼마 남지 않았다. 그 때 아이들은 이 마지막 인사를 어떤 마음으로 하게 될까? 먼 훗날, 가끔씩 떠올려보는 학창 시절의 작은 추억쯤은 될 수 있을까?

해바라기

I

오랜만에 하는 운동이어서인지 얼마 달리지 않은 것 같은데도 숨이 찼다. 늘 만나는 낯익은 얼굴들 속에서 이따금 낯선 얼굴들을 만나거나 흔하지 않은 낯선 풍경들이 내딛는 발길을 잡을 때가 있다. 오늘은 또 다른 낯선 풍경이 달리는 나의 발길을 잡았다.

해바라기! 하늘을 향해 키 재기라도 하듯 고만고만한 키의 해바라기들이 따가운 햇살 쏘는 하늘을 향해 멕시코 코스모스 같은 진노란 웃음을 뿜어내고 있었다. 원형의 자전거 연습 도로를 울타리 삼아 서 있는 모습이 마치 동화 속에나 나옴직한 꽃성(城) 같았다. 삶의 온갖 찌꺼기들을 장맛비와 함께 씻어내고 태초의 빛으로 옷을 갈아입은 하늘과 조응(照應)한 해바라기의 모습이 어느 새 눈을 지나 가슴 한 복판에 '아 · 름 · 다 · 움' 네 글자를 아로새기고 있었다. 푸른빛 천상과 노란빛 지상의 원색의 대비! 만약 해바라기 그리기에 심취했던 고흐가 살아 있었다면 한 번쯤 탐냈을 풍경이라는 생각이 들었다.

천변에 펼쳐진 이 이국적인 색깔의 향연(饗筵)에 눈을 빼앗긴 발길이 어느 새 그곳으로 방향을 잡고 있었다. 그 자리엔 햇살이 마중을 나와 무어라 조잘거리며 수선을 떨고 있었다. 퇴근하여 현관문을 열면 곧 뛰어나와 반가움을 표시하는, 꼭 우리 아이들을 닮았다.

'그러고 보니, 여긴…….'

II

"빨리 와요! 애 팔 부러졌어요!"

천변을 한참 달렸을 때 휴대폰의 진동이 울렸다. 아내였다. 통화 버튼을 누르자 아내의 급박한 목소리가 수화기 저편에서 들려왔다.

요즘 아이들 성장 과정에서 팔 다리 부러지는 것은 다반사라 하지만, 지금까지 한 번도 직접 겪어 본 적 없는 일이었기에 난 휘청거릴 수밖에 없었다. 어찌할 줄 몰라 발을 동동 구르고 있을 수화기 너머 아내의 모습이 급히 서두르는 목소리에 실려 전해지고 있었다. 그러나 아내의 서두름에도 불구하고 난 잠시 심리적인 공황 상태에 빠졌다. 그리고 그 짧은 시간 동안 이 생각 저 생각 사이를 오가느라 머릿속이 부산했다. 내게 주어진 상황을 부정하고 싶은 욕구 때문이었을까? 내게 벌어진 일이 아닐 것이라는 생각이 가슴을 뒤흔들기도 했고, 장난인지도 모른다는 말도 안 되는 생각이 머릿속을 훑기도 했다. 어느 부모가 자식을 두고 그런 장난말을 하겠는가? 그러나 발길이 왔던 길을 향해 돌아섰다고 느낀 순간, 아이에게 최대한 빨리 가야 한다는 깨달음이 모든 생각의 가지들을 잘라냈다. 달리는 수밖에는 뾰족한 방법이 없는지라, 턱에 차는 숨을 무릅쓰고 난 사고가 난 곳을 향해 달렸다. 하지만 마음이 급한 것과는 반대로 발걸음은 마치 모래각반을 차고 있는 듯 너무 무거웠다.

사고가 난 곳은 시멘트가 깔린 원형 자전거 연습 트랙이었다. 아이는 부러진 팔을 반대편 손으로 떠받치고 선 채 움직임 없이 서 있었다. 급히 도착한 나를 보고도 눈동자만 굴릴 뿐 움직이지 않았다. 워낙에 큰 눈을 가지기는 했지만, 그날따라 더 커 보이는 아이의 눈이 안쓰러움을 더 크게 했다. 움직일 때의 통증 때문에 아이는 차라리 움직이지 않는 편을 선택한 것이리라. 어느 정도 다친 것인지 알아보기 위해 손을 대자 아이는 고통을 호소했다. 하지만 그 얼굴엔 고통을 참으려고 하는 기색이 역력했다. 이런 아이의 모습을 대하자 마음이 더 짠했다.

한 눈에 보기에도 골절이 확인될 만큼 아이의 왼쪽 팔목 부근이 부어 있었고, 부러진 뼈 때문인 듯 팔목 위쪽이 상당히 튀어나와 있었다. 더 이상의 부상을 막기 위해서도, 또 아이가 불편하지 않도록 일단은 부목(副木)이라도 대 줘야겠다는 생각으로 주변을 둘러보다가 아내의 눈과 마주쳤다. 아내는 다쳐서 놀랐을 아이보다 더 창백한 얼굴로 아이의 얼굴만 근심스레 살피고 있었다.

"119 불렀어요."

자기를 보는 내 눈을 의식한 듯 잠시 후 아내는 아이로부터 눈길을 떼고 이렇게 말했다. 무리하게 응급 처치를 하는 것보다는 구급차를 기다리는 편이 낫겠다 싶어, 우선은 통증이 생기지 않도록 최대한 조심하며 아이를 바닥에 앉혔다. 그리고 다친 팔을 받치고 있느라 힘들었을 반대편 팔을 아이 무릎에 올려주었다. 아이는 한결 편안해진 듯 숨을 몰아쉬었다. 그 모습을 보며 아내도, 그리고 나도 조금이나마 여유를 찾을 수 있었다.

"도로가 많이 막히네요. 죄송합니다."

시간이 꽤 흘렀다고 생각할 무렵 구급대원들은 현장에 도착했다. 사고 지점이 도로에서 다소 떨어져 있는 곳이라 구급차가 접근할 수 없어 대원들은 구급차를 대로변에 세워 둔 채 들것을 들고 사고 지점까지 온 모양이다.

바닥에 앉아 있는 아이의 부상 정도를 확인한 대원들은 더 이상의 문제가 생기지 않도록 부목을 대 부상 부위에 대한 보호 조치를 하고 들것으로 구급차까지 이송했다. 아내와 작은아이가 구급차에 동승해 출발한 후 난 남은 짐들을 정리해 집에 두고 큰아이가 가 있는 병원 응급실로 갔다. 다친 아이도, 이에 놀란 아내도 어느 정도 안정을 찾은 듯 얼굴엔 웃음도 흐르고 있었다.

"아저씨, 여기까지 와 주셔서 고맙습니다."

응급실에 도착해 자리에 앉았을 때, 아내가 전한 아이의 말이었다. 들것에 실려 가면서 아이가 119 대원들에게 던진 말이란다.

"요즘 세상에 이런 애 어디 있어요? 내 아들이지만, 정말 속 깊은 아이예요."

아이의 부상으로 인해 놀랐을 아내의 마음을 아이의 그 한 마디 말이 어루만진 것일까? 이렇게 말하고 있는 아내의 얼굴이 웃음으로 채워져 있었다. 얼굴도 어느 새 혈색을 되찾았다. 그 모습에 나도 덩달아 웃음이 났다. 그뿐이랴. 아이의 부상으로 인해 우리 가정에 드리운 어두운 그림자까지 저만치 날려 버렸을 만큼 아이의 한 마디 말은 큰 힘을 발휘했다.

아이 혼자 수술실에 들여보내는 마음이 어찌 편할 수 있으랴. 모든 것을 혼자 이겨내야 하는 아이의 입장을 생각하니, 부모로서 아무 것도 해 줄 수 없다는 사실에 대한 안타까움을 주체하기가 쉽지만은 않았다.

"아이가 전혀 소리를 지르지 않아요. 굉장히 아플 텐데. 그래서 물었더니 아빠 엄마 걱정할까봐 그런대요."

웃음 띤 얼굴로 수술실을 나온 의사가 이렇게 말하며 우리 부부로 하여금 잠시 수술실로 들어와 줄 것을 부탁했다. 아이의 얼굴엔 눈물이 얼룩져 있었고, 방금 전까지도 눈물을 흘린 듯 아이의 얼굴은 젖어 있었다. 나와 아내를 보자 아이는 다치지 않은 팔로 급히 눈물을 닦았다. 눈물은 흘려도 소리는 내지 않으려고 한, 부모를 향한 아이의 마음을 생각하며 가슴이 뭉클했다. 어린아이의 어디에 저런 마음이 있었을까 싶은 생각을 하며 아이의 큰 눈망울에 눈을 맞추는 마음이 대견스러웠다.

"부러진 뼈를 맞춰야 깁스를 할 수 있는데, 뼈가 완벽하게 맞지를 않네요. 그래서 심을 박아 뼈가 안정적으로 붙을 수 있도록 해야겠습니다."

약간의 흉터가 남을 수 있지만, 성장 과정에 있는 아이라 크게 표시가 나지는 않을 거라 했다. 수술 시간이 그리 오래 걸리지는 않을 거라 했다.

"아픈 걸 아프지 않은 척하면 더 힘들어. 아빠 엄만 괜찮으니까 아프면 아프다고 하고, 소리도 질러. 알았지?"

아이는 침상에 우두커니 앉아 있었다. 어느 누구도 대신해 줄 수 없는, 자기 혼자서 온전히 감당해야 할 시간 앞에서 아이는 무슨 생각을 하고 있을까? 수술실을 나서는 발길이 땅 속에서 잡아당기기라도 하듯 무거웠다.

아내와 내가 수술실을 나온 얼마 후 고통스러워 내지르는 아이의 비명이 수술실 밖으로 새나오기 시작했다. 저렇게 아픈 것을 어떻게 소리 없이 참아냈나 생각하니 가슴이 저미듯 아파왔다. 아내는 소리 없이 눈물을 쏟아내며 가슴을 쥐어짰다. 제 배 아파 낳은 자식의 아픔을 두 손 놓고 보아야 하는 마음이 오죽하랴. 하지만 내가 아내에게 해 줄 수 있는 건 체온을 잃은 채 떨고 있는 손을 잡고 등을 쓸어주는 일뿐이었다.

시간이 얼마나 흘렀을까? 아이의 비명이 잦아들었다 싶은 얼마 후 수술실 문이 열렸고, 아이가 누워 있는 침상이 밖으로 나왔다.

아이의 얼굴은 채 마르지 않은 눈물로 얼룩져 있었다. 부러진 자리가 재생할 수 있도록 아이의 팔엔 보기에도 무겁고 불편해 보이는 깁스가 되어 있었다. 뼈가 어느 정도 자리를 잡으면 활동에 좀 편리하도록 깁스를 바꿀 것이라 했다. 혼자서 감내해야 했던 시간의 강을 무사히 건넌 아이의 모습이 듬직해 보였다. 자기 팔을 감싸고 있는 깁스와 제 어미의 얼굴을 번갈아 보는 아이의 얼굴은 어느 새 안정을 찾은 듯 웃음이 피어 있었다.

III

언제 왔는지 여자아이 하나가 자전거를 탄다. 꽤 오래 자전거를 탄 듯 페달을 젓는 다리에 힘이 없어 보인다. 잠시 후 아이는 더 이상 페달을 젓지 못하고 끝내 자전거에서 내려 숨을 폭 몰아쉰다. 그리고 나와 눈이 마주치자 쑥스러운 듯 웃음을 흘린다. 그 웃음이 해바라기 꽃빛을 닮았다는 생각이 들었다. 그 아이 얼굴에 웃음 한 줌을 얹어주며 돌아섰을 때, 무언가 꿈틀거리는 느낌이 들며 가슴 한복판이 간지러워왔다. 잠시 발걸음을 멈추고 내려다본 그 자리엔 노란 해바라기 한 송이가 막 꽃을 피우고 있었다. 그런데 그 속엔 홀로 아픔을 견뎌내고 한 뼘쯤 의젓하게 자란 내 아이의 웃음도 함께 피어나고 있었다.

다시 돌아본 자전거 연습장엔 여자아이가 다시 자전거를 출발시키고 있었고, 이런 아이의 뒷모습을 해바라기가 물끄러미 내려다보고 있었다.

외도(外道)의 끝에서

술기운에 졸다가, 주머니 속 동전까지 탈탈 털고 거기에 기사의 동정심을 더해 모자라는 택시비를 지불한다. 아쉬운 말을 주워섬기느라 한껏 쪼그라든 마음을 추스르며 택시 문을 닫았을 때, 아파트 벽에 부딪쳐 돌아온 그 소리가 마치 에코처럼 한동안 귓속을 휘젓고 다닌다. 외도 끝에 돌아온 이른 아침, 셔터를 내린 채 아직 잠에 빠져 있는 상가 건물들이 나의 귀가를 외면하며 여전히 굳게 닫혀 있다. 저만치 멀어지는 택시의 꽁무니를 좇다가 아직은 인적 드문 인도에 어색한 동작으로 올라선다. 졸고 있던 가로등 불빛이 나의 출현에 무거운 눈꺼풀을 애써 밀어 올리고는 귀찮다는 듯 마지못해 한 줄기 희미한 불빛을 던져준다. 이윽고 그 빛에 몸을 맡긴 초라한 그림자 하나가 땅 위에 힘없이 눕는다.

가끔씩 스쳐 지나가는 사람들이 힐끔거리며 나를 피해 멀어져 간다. 안주로 나온 무화과 열매처럼 뱃속 장기마저 말라 쪼그라드는 느낌에 몸은 본능적으로 진저리를 친다. 아직도 입안에 남아 있는 알코올의 쓴맛을 느끼며 그림자는 잠시 가벼운 경련을 한다.

아파트 옥상 너머 하늘이 붉게 물들고 있다. 아파트 여기저기엔 때 이른 불빛들이 눈을 뜨고 활동을 시작하고 있다. 그 안에선 누군가 출근을 서두르고 있을 것이고, 누군간 신문을 뒤적거릴 것이다. 누군간 잠자리를 벗어나지 못하는 아이와 신경전을 벌이고 있을 것이고, 누군가는 학교에 가려고 벌써 가방을 챙길 것이다. 누군가의 아침을 준비하는 도마 위의 부산한 칼질 소리에 맞춰 한 집 안이 부산하게 움직일 것이다.

아파트 안에서 펼쳐질, 잊고 있던 움직임들을 상상하면서 고개는 어느덧 힘을 잃고 꺾여 버린다. 오랜 가뭄 끝에 날리는 흙먼지를 뒤집어쓴 듯 핏기 없이 푸석푸석한 얼굴, 제대로 감지 못해 헝클어진 머리, 들판의 잡초처럼 제멋대로 자란 턱수염, 알코올에 절어 깨어나지 못한 채, 초라한 육신은 구겨지고 때에 전 코트에 싸여 흐느적거린다. 생살을 도려내듯 가슴을 후비는 서글픔 끝에 육신은 어느덧 기분 나쁜 두통을 넘어 오슬오슬 한기(寒氣)를 느끼기 시작한다.

잠에 빠져 있던 것일까? 꿈을 꾼 것일까? 아니면 오랜 시간의 수술을 마치고 마취에서 깨어나고 있는 것일까? 현실과 꿈이 구분되지 않는 몽롱한 시간을 헤매다 눈을 떴을 때, 자석에 들러붙는 철가루들처럼 모든 것이 내게 일제히 달려든다. 그리고 그들은 난데없는 이방인의 출현을 경계라도 하듯 내 몸 구석구석을 훑기 시작한다. 가끔 고향에 들를 때마다 느껴지던 정체를 알 수 없는 거부감이 불현듯 생각난다. 삶에 매몰돼 살아오는 동안 나는 어느 새 이방인이 되어 있었고, 나의 추억을 깔고 앉은 그 모든 것이 마치 토박이인 양 나를 경계하며 밀어내던 그 느낌이 일순간 온몸을 휘감고 돈다.

인연을 거슬러 다시 이승에 돌아온 망자(亡者)의 어깨를 짓누르던 엄청난 세월의 무게가 이와 같을까? 세월 앞에 장사 없는 법. 외도 끝에 돌아오면 낯선 얼굴들 앞에서 난 그만 초대받지 못한 불청객의 모습으로 남의 집을 기웃거리는 모습이 되어야 하는 것이다. 그 치욕이 가슴을 후비는 충격 앞에 모든 것을 내맡기고 있어야 함도 외도의 대가(代價)임을 나는 안다. 수술을 위해 가한 마취가 풀리며 서서히 엄습하는 통증을 감내하듯 나의 외도는 그렇게 혼자서 감내해야 하는 어떤 것임도 나는 오랜 습관으로 안다.

추락하는 것은 날개가 있다고 했던가? 하지만 추락의 끝에서 발견한 나의 날개는 이미 뼈가 삭아 버린 듯 파닥거릴 힘조차 남아 있지 않은 것 같았다. 이 날개로 무엇을 할 수 있을까? 도저히 더 이상은 비상(飛上)할 수 없을 것 같은 깊이의 추락 속에서 할 수 있는 것이라곤 모든 것을 운명에 맡기는 것뿐이었다. 처음엔 외도의 대가치고는 너무도 가혹하다는 불평도 해 보았다. 하지만 마치 역마살처럼 그것이 내가 받아들여야 하는 운명임도 알고 있기에 불평을 접은 지도 오래다. 외도 끝에 돌아와 반복하곤 하던 선부른 약속도 부질없는 것임을 알기에 이제는 하지 않는다.

'허, 참!'

글 쓰는 사람에게 있어 외도란 무엇일까? 글을 버려둔 채 다른 것에 한눈을 파는 것이리라. 그러나 바쁜 일상을 핑계로 진실과 마주 설 기회를 만들지 않음도 글 쓰는 이에겐 외도가 아닐까? 나는 과연 할 이야기가 가슴에 차고 넘치도록 얼마나 많은 불면의 밤을 새워 보았는가? 바쁜 일상을 핑계로 정작 해야 할 일을 저만치 밀어놓으며 안이하게 살아왔을 뿐 그것을 얼마나 치열하고 절실하게 희구(希求)해 보았는가?

습관이란 역시 무서운 것이다. 조마조마한 마음으로 시작했던 처음의 외도는 그래도 짧은 기간이라서 아무도 눈치를 채지 못했다. 나의 외도를 문제 삼는 사람이 아무도 없었고, 그래서 심적인 부담도 그다지 크게 느끼지 않았다. 하지만 외도가 반복되면서 기간도 차츰 길어졌고, 난 어느 순간 주위 사람의 눈치도 아랑곳하지 않는 철면피가 되어 갔다. 하지만 이보다 더 큰 문제는 외도가 잦아질수록 늘어가는 스스로에 대한 구차한 변명이었다. 아, 그 치졸한 얼굴과 마주했던 날의 참담함이란! 얼굴이 확확 달아올랐고, 난 한동안 거울을 보지 않았다.

시간이 얼마나 지났을까? 톡, 톡, 톡, 톡, 자판을 두드리다가 문득 고개를 들었을 때, 화들짝 놀라 고개를 돌려버리는 낯익은 얼굴들이 보이기 시작한다. 여전히 경계하는 눈빛을 풀진 않았지만, 이따금 곁눈질로 나를 훑어보며 눈길이나마 던져주고 있었다. 어색하고 낯선 느낌이 이토록 꽤 오래 지속된 걸 보니, 이번엔 참으로 먼 길을 돌아왔나 보다. 그래도 다행이다. 어쨌든 이렇게 다시 돌아왔으니 말이다. 하지만 다음 번 외도는 더 길어질지도 모른다는 불안감이 나의 하늘에 이내 먹구름을 드리운다. 나는 언제쯤 이 역마살을 벗어버릴 수 있을까? 언제쯤 이 외도를 끝낼 수 있을까? 부족한 것투성이인 인간인 탓에 오늘도 난 그 누군가에게 또 기원한다.

"영원히, 삶의 진실들과 등지게 하지 마소서. 영원히 돌아오지 못할 치명적인 외도로부터 이 나약한 인간을 지키소서."

■저자 후기

알겠습니다. 이제 조금은 알겠습니다.

머릿속에 무엇이든 담을 수 있고, 가슴속에 무엇이든 채울 수 있음이, 채울 것을 찾아 삶의 순간순간을 뒤지고 다닐 수 있는 여유도, 진실한 말 한 마디를 위해 삶의 의미를 거듭거듭 되새김질하던 순간도, 오랜 시간의 되새김 끝에 토해낸 글 한 줄에 흐르던 눈물도 가슴 벅찬 행복이었음을, 이제는 말할 수 있겠다 싶어 노트북 앞에 앉았을 때 머릿속이 하얘지던 절망도, 아니 그 각혈(咯血) 같은 절망을 감내하며 괴로움으로 지새우던 오랜 불면(不眠)의 시간도 온전히 사랑해야 할 나의 삶이었음을, 알겠습니다. 이제 조금은 알겠습니다.

고맙습니다. 이제는 더 이상 게을러지지 않았으면 좋겠습니다.

2011년 6월, 물오른 보문산 신록 속에서

저자 드림.

주차장에서 놀이터까지

이완근 수필모음

인쇄일 / 2011년 7월 7일
발행일 / 2011년 7월 12일
발행인 / 李憲錫
지은이 / 이완근

발행처 / 오늘의 문학사
대전광역시 동구 삼성1동 125-6 한밭오피스텔 401호
Tel(042)624-2980 Fax(042)628-2983
등록 / 제55호(1993년 6월 23일)
홈페이지 www.lito77.co.kr
E-mail : hs2980@hanmail.net
ISBN 978-89-5669-445-0(03810)

값 10,000원